W0271538

Ja! genau

Deutsch als Zweitsprache

Sprachtraining

Vera Menzel

A2

Cornelsen

Ja genau! A2

Deutsch als Zweitsprache

Sprachtraining

Im Auftrag des Verlages erarbeitet von:
Vera Menzel

In Zusammenarbeit mit der Redaktion: Andrea Finster

Bildredaktion: Nicola Späth
Projektleitung: Gunther Weimann

Illustrationen: Joachim Gottwald
Layoutkonzept und technische Umsetzung: zweiband.media, Berlin
Umschlaggestaltung: Rosendahl Grafikdesign, Berlin

Weitere Kursmaterialien:
Kurs-und Übungsbuch A2/1 ISBN 978-3-06-024159-0
Audio-CD für den Kursraum A2/1 ISBN 978-3-06-024168-2
Kurs-und Übungsbuch A2/2 ISBN 978-3-06-024160-6
Audio-CD für den Kursraum A2/2 ISBN 978-3-06-024169-9
Handreichungen für den Unterricht ISBN 978-3-06-024173-6
Unterrichtshilfe interaktiv auf CD-ROM ISBN 978-3-06-024178-1

www.cornelsen.de

1. Auflage, 1. Druck 2011

Alle Drucke dieser Auflage sind inhaltlich unverändert und können im Unterricht nebeneinander verwendet werden.

© 2011 Cornelsen Verlag, Berlin

Das Werk und seine Teile sind urheberrechtlich geschützt.
Jede Nutzung in anderen als den gesetzlich zugelassenen Fällen bedarf der vorherigen schriftlichen Einwilligung des Verlages.
Hinweis zu den §§ 46, 52 a UrhG: Weder das Werk noch seine Teile dürfen ohne eine solche Einwilligung eingescannt und in ein Netzwerk eingestellt oder sonst öffentlich zugänglich gemacht werden. Dies gilt auch für Intranets von Schulen und sonstigen Bildungseinrichtungen.

Druck: Himmer AG, Augsburg

ISBN 978-3-06-024164-4

Inhalt gedruckt auf säurefreiem Papier aus nachhaltiger Forstwirtschaft.

Inhalt

Das **Sprachtraining A2** bietet ergänzende Übungen zur Vertiefung und Wiederholung des Lernstoffs der beiden Bände des Kurs- und Übungsbuchs *Ja genau! A2*. Sie sind auf die Inhalte der entsprechenden Einheiten abgestimmt und eignen sich auch als Hausaufgaben.
Die Seiten *Fit im Alltag* behandeln gezielt Themen, die den Vorgaben des Rahmencurriculums für Integrationskurse entsprechen, und sind für den Einsatz im Kursraum konzipiert.

Wortschatz

1 Rund um Arbeit.

a) Lesen Sie die Sätze. Zu welchen Sätzen passen die Fotos? Ordnen Sie zu.

1. [D] Sabine Weiß kann nicht den ganzen Tag arbeiten. (halbtags)
2. [A] Klaus Albrecht erzieht seine Tochter allein. (alleinerziehend)
3. [C] Max fährt jeden Tag zur Arbeit nach Anklam. (pendeln)
4. [D] Unsere Chefin hat immer sehr viel Arbeit. (viel zu tun haben)
5. [D] Viele Frauen haben Kinder und arbeiten. (verbinden)
6. [B] Ich bin Verkäuferin in einer Bäckerei. Ich muss sehr früh aufstehen, den ganzen Tag stehen und Kunden bedienen. (meine Arbeit, anstrengend)
7. [C] Ich habe mich beworben und eine gute Stelle gefunden. (Erfolg haben)

b) Sagen Sie es anders: Schreiben Sie einen neuen Satz mit den Wörtern in Klammern.

Beispiel:
1. Sabine Weiß kann nicht den ganzen Tag arbeiten. (halbtags)

Sabine Weiß arbeitet halbtags.

2 Was ist das? Lösen Sie das Rätsel.

1. Was braucht eine alleinerziehende arbeitende Mutter?
   - eine gute ☐☐☐☐☐☐☐☐☐☐☐☐☐☐☐
2. Der Vertrag hat kein Kündigungsdatum.
   - er ist ☐☐☐☐☐☐☐☐☐☐☐
3. Eine Stelle für acht Stunden pro Tag?
   - eine ☐☐☐☐☐☐☐☐☐☐☐☐☐☐
4. Jeden Tag Arbeit, Kinder, Haushalt.
   - aber der ☐☐☐☐☐☐ ist nie langweilig.
5. Pavel kommt zu spät und und sagt: „Der Bus ist nicht gefahren."
   - er hat eine gute ☐☐☐☐☐☐☐
6. Wo kann man Tipps für die Arbeitssuche bekommen (ein Amt)?
   - bei der ☐☐☐☐☐☐☐☐☐☐☐☐☐☐

3 Verbinden Sie und schreiben Sie Sätze in der Ich-Form wie im Beispiel.

1. eine Veranstaltung
2. einen Job
3. den Kindergarten
4. die Papiere
5. einen Termin
6. eine Stunde zur Arbeit
7. jedes Wochenende
8. im Stau
9. die Stellenanzeigen

a) suchen
b) lesen
c) organisieren
d) pendeln
e) wechseln
f) stehen
g) fahren
h) ordnen
i) machen

Ich organisiere eine Veranstaltung.

4 Nach dem Studium. Ergänzen Sie den Text. Achten Sie auf die richtige Verbform.

anstrengend • Arbeit • aufstehen • bewerben • bleiben • Firma • flexibel • gehen • halbe • in der Woche • Kollegen • pendeln • ~~studieren~~ • unbefristet • vermissen

Marcel hat Betriebswirtschaft *studiert* 1. Vor drei Monaten hat er sein Studium erfolgreich abgeschlossen. Er hat sich sofort bei vielen Firmen ______ 2. In seiner kleinen Stadt Saarburg aber hat er keine ______ 3 gefunden. Dann hat er in Trier eine Vollzeitstelle in einer kleinen ______ 4 bekommen. Seine Freundin arbeitet in Saarburg und sie möchte dort ______ 5. Er muss jetzt zwischen Saarburg und Trier ______ 6. Jeden Tag fährt er mit dem Zug eine ______ 7 Stunde zur Arbeit. Das ist ein wenig ______ 8, aber Marcel ist zufrieden. In der Firma arbeiten 20 Angestellte und seine ______ 9 und Kolleginnen sind sehr nett. Sein Vertrag ist ______ 10 und die Arbeitszeiten sind ______ 11. Man kann zwischen acht und zehn Uhr kommen und ______ 12, wann man will. Man muss nur insgesamt 38 Stunden ______ 13 arbeiten. Natürlich muss Marcel jetzt auch früh ______ 14. Als Student hat er oft lange geschlafen. Das ______ 15 er manchmal.

5 Drei Schüler/innen reden über ihre Berufswünsche. Lesen Sie die Stichpunkte und schreiben Sie.

Naomi:
- etwas mit Tieren machen
- halbtags arbeiten
- in einem Team arbeiten

Dirk:
- viel reisen
- nette Menschen kennenlernen
- viel Geld verdienen

Mahmud:
- Veranstaltungen organisieren
- mobil sein
- Familie und Beruf verbinden

Naomi möchte etwas mit Tieren machen. Sie …

Grammatik

6 **Wiederholung Zeitangaben. Ergänzen Sie den Text. Der Kasten hilft.**

Alltag in der Stadt

______________[1] zwischen 7:30 und neun Uhr ist fast immer Stau. Alle fahren zur Arbeit. __________[2] Vormittag kann man gut einkaufen. Die Supermärkte sind nicht so voll, denn viele Menschen sind bei der Arbeit. Aber ca. __________[3] 17 Uhr am _______________[4] machen sie Feierabend und gehen nach Hause – oder erst einmal einkaufen. Auch __________[5] Abend gibt es Leute auf den Straßen: Sie gehen ins Kino, ins Theater oder sie treffen ihre Freunde. Aber __________[6] der Nacht ist es oft sehr ruhig.

__________[7] Sommer haben die Kinder __________[8] Juli __________[9] August sechs Wochen Ferien. Dann ist die Stadt nicht mehr so voll. Denn viele Menschen fahren in den Urlaub. Aber jetzt sieht man viele Kinder und Jugendliche auch _______________[10] im Freibad.

So geht's
Monate + Jahreszeiten ► ***im** Juli/Frühling*
Tage + Tageszeiten ► ***am** Morgen/Mittwoch/5. Juli*
aber: in der Nacht
Uhrzeiten um ► ***um** 13 Uhr*
jeden** Morgen = **morgens**; Dauer: **von ... bis

7 **Was sagen die Kinder aus Aufgabe 5? Schreiben Sie *dass*-Sätze.** 5

Naomi sagt, dass sie etwas mit Tieren machen möchte.
Sie sagt auch, dass ...

8 **Irina Schmolke ist Lehrerin und hat ein Gespräch mit der Direktorin. Was fragt die Direktorin, was antwortet Frau Schmolke? Schreiben Sie Sätze mit *dass* und *ob*.**

Beispiel:
Waren Sie im Ausland? → Die Direktorin fragt, ob Frau Schmolke im Ausland war.
Ja, ich war ein Jahr im Ausland. → Frau Schmolke antwortet, dass sie ein Jahr im Ausland war.

9 **David hat die Stellenanzeige gelesen und möchte bei der Firma anrufen. Er notiert sich die Fragen für das Gespräch. Lesen Sie und schreiben Sie *ob*-Sätze.**

Beispiel:
Beginnt der Arbeitstag um 9 Uhr? → David möchte wissen, ob der Arbeitstag um 9 Uhr beginnt.

LKW-Fahrer gesucht
Wir suchen Fahrer für Transporte im In- und Ausland. Haben Sie einen FS Klasse CE und sind Sie flexibel? Dann rufen Sie uns an:
Meier & Co: 040-5563287

– Ist es eine Vollzeitstelle?
– Ist Meier&Co eine große Firma?
– Sind die Arbeitszeiten flexibel?
– Muss ich oft ins Ausland fahren?
– Soll ich meine Bewerbung per Post oder per E-Mail schicken?

10 **Adjektive**

a) Wiederholung. Ergänzen Sie die Sätze mit den Adjektiven. Es gibt viele Möglichkeiten.

anstrengend (тяжело) • klein • gut • laut (громко) • lustig (смешной) • nett (добрый) • neu • richtig • schnell • teuer (дорого) • wichtig (важно)

Mein Arbeitstag ist anstrengend.	Das Auto ist schnell.
Unsere Kinder sind klein.	Mein Hobby ist gut.
Mein Kollege ist sehr nett.	Die Antwort ist richtig.
Die Papiere sind sehr wichtig.	Die Ausrede ist lustig.

b) Adjektive nach dem unbestimmten Artikel. Ergänzen Sie.

Nominativ	Akkusativ	Dativ
David ist ein netter Kollege.	Ich habe einen anstrengenden Arbeitstag.	Ich fahre heute mit meinem schnellem Auto.
Wo sind deine wichtige Papiere?	Ich brauche ein guten Hobby.	Er erzählt von seinem gutem Hobby. (Он рассказывает о своём)
Das war keine lustige Ausrede.	Ich suche meinen netten Kollegen.	Ich bin bei meinen kleinen Kindern.

11 **Frau Schmolke und David haben den Job bekommen. Beide sind zufrieden, aber nicht alles ist toll. Was erzählen Sie? Beschreiben Sie.**

Beispiel: Arbeitsplatz ist fest → David hat jetzt einen festen Arbeitsplatz.
viel organisieren → Frau Schmolke muss viel organisieren

~~Arbeitsplatz ist fest~~ • Fahrten sehr lang • oft nicht zu Hause • viel allein • Chef nett • Job ist gut bezahlt • auf der Straße ein freier Mann

Halbtagsstelle sicher • Weg kurz • Kolleginnen sehr freundlich • Kinder lieb • Arbeit sehr interessant • ~~viel organisieren~~ • ein wundervoller Beruf

Lesen

12 **Was sind die „Großstadttiger"?**
a) Lesen Sie den Text. Kreuzen Sie an.

1. ein Kindergarten ☐
2. eine Betreuung für die Ferien ☐
3. eine Schule ☐

Mit uns erleben Ihre Kinder spannende Ferientage in Berlin.

Mit dem Ferienprogramm von *Großstadttiger* erwartet die Kinder jeden Tag ein neues Abenteuer. Sie treffen sich täglich um neun Uhr im Büro in der Potsdamer Chausee 68 und bis 16 Uhr verbringen sie spannende Stunden mit anderen Kindern und unseren erfahrenen Betreuern. Die Tagesprogramme sind abwechslungsreich und versprechen viel Spaß.
Die Eltern haben das gute Gefühl, dass ihre Kinder beschäftigt und gut betreut sind. Es gibt immer zwei Programme zur Auswahl. So können die Kinder selbst entscheiden, ob sie lieber sportlich sein wollen oder ob sie basteln, ins Museum oder in den Zoo gehen wollen.
Das Programm und die Betreuer sind bilingual, die Kinder und die Betreuer können Englisch oder Deutsch sprechen und die Kinder lernen so im Spiel ein bisschen Englisch.
Sie können das komplette Ferienprogramm, aber auch einzelne Tage buchen.
Das ausführliche Programm, die Preise und ein Anmeldeformular finden Sie auf unserer Website.

Quelle: www.mamilade.net

b) Kreuzen Sie an: richtig oder falsch? Korrigieren Sie die falschen Sätze.

	richtig	falsch
1. Die Kinder übernachten bei den Großstadttigern.	☐	☐
2. Die Eltern müssen die Kinder jeden Tag abholen.	☐	☐
3. Die Kinder entscheiden, was sie machen wollen.	☐	☐
4. Die Betreuer sprechen Deutsch und Englisch.	☐	☐
5. Die Kinder müssen jeden Tag kommen.	☐	☐
6. Das Programm kostet nichts.	☐	☐

13 **Lesen die Anzeige. Welche Informationen bekommen Sie? Was fehlt?**

In der Anzeige steht, dass man ... / Man erfährt, dass,/...
Man erfährt nicht, ob .../wie .../wo ...

Kellner/in gesucht!
Für unser Restaurant in der Altstadt suchen wir Personen zwischen 18–35. Bitte bei der Zeitung melden!

Kommunikation

14 Beschreiben Sie den Arbeitstag von Marcel.

morgens, 9 Uhr im Büro
E-Mails lesen und beantworten
mit Kunden telefonieren
an seinem Projekt arbeiten
13 Uhr Mittag essen
nachmittags Besprechung mit den Kollegen
17 Uhr Feierabend

zuerst, dann, danach

Morgens kommt Marcel um neun Uhr ins Büro. Zuerst ...

15 Max Giebel beschreibt seinen Tag. Lesen Sie den Text und formulieren Sie W-Fragen zu jedem Satz. Schreiben Sie dann den Text als Dialog.

Ich komme aus Anklam. Aber in der Woche wohne und arbeite ich in Hamburg. Ich stehe täglich um halb sieben auf. Dann trinke ich Kaffee. Um 7:30 Uhr fahre ich zur Arbeit. Ich bin Konditor in einem großen Hotel. Bis zum Hotel brauche ich circa eine halbe Stunde. Ich verdiene nicht schlecht, 1200 € pro Monat. Um 16 Uhr habe ich Feierabend. Nach der Arbeit gehe ich einkaufen. Am Abend telefoniere ich mit meiner Frau, danach sehe ich fern oder treffe mich mit meinem Kollegen. Jedes Wochenende fahre ich nach Hause zu meiner Familie.

Dialog:
• Woher kommst du? ↘
▪ Ich komme aus Anklam.
• Wo arbeitest du? ↙

16 Sie machen ein Praktikum in einem Büro. Der Chef/Die Chefin hat einige Bitten an Sie. Wie reagieren Sie?

1. Gleich haben wir eine Besprechung. Bitte kochen Sie Kaffee für uns!
2. Bleiben Sie heute bis 20 Uhr hier, wir haben viel Arbeit.
3. Ordnen Sie die Zeitschriften im Wartezimmer!
4. Sie müssen die Konferenz allein organisieren!
5. Bis morgen früh müssen Sie die 20 Ordner sortieren.
6. Der Drucker ist kaputt? Dann reparieren Sie ihn!
7. Können Sie nach der Arbeit noch Briefmarken kaufen?
8. Können Sie am Samstag kommen?
9. Bitte recherchieren Sie das im Internet.

☺	☹
Ja, gern. Aber sicher./Natürlich. Kein Problem! Klar, das mache ich! Das mache ich gern.	Tut mir leid, aber das geht nicht. Ich habe einen Termin. Entschuldigung, aber das ist zu schwer für mich. Das kann ich nicht. Das ist nicht meine Aufgabe.

Wie die Zeit vergeht

Wortschatz

1 **Morgens um sieben in D A CH. Was machen die Personen? Schreiben Sie Sätze.**

1. *Der Vater weckt die Kinder.*

2. ______

3. ______

4. ______

5. ______

6. ______

7. ______

8. ______

2 **Mein Tag – meine Woche. Was machen Sie wann? Sammeln Sie Tätigkeiten.**

am Nachmittag

am Abend – *fernsehen*, *duschen*

am Wochenende – *einen Ausflug machen*

3 **Mit allen Sinnen. Was passt besonders gut? Ordnen Sie zu.**

eine Nachricht hören • fernsehen • Freunde begrüßen • aufräumen • sich unterhalten • eine Notiz schreiben • atmen • die Uhr vorstellen • schnarchen • etwas aufhängen • ein Buch lesen • sich wohl fühlen • weinen

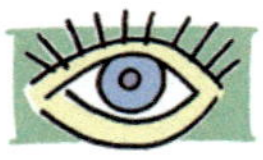		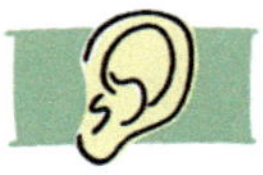	
fernsehen			

Grammatik

4 Für viele beginnt so der Tag. Variieren Sie den Text: ***Ich ... / Du ... / Wir ... / Ihr ...***

Er:
Er muss früh aufstehen und fühlt sich noch schrecklich müde. Dann geht er ins Bad, duscht und kämmt sich. Beim Frühstück unterhält er sich mit seiner Tochter über den Tag. Er trifft sich heute mit vielen Leuten. Langsam freut er sich auf seine Arbeit. Dann muss er sich auch schon beeilen und rennt zum Zug. Die Fahrt dauert eine halbe Stunde. Er liest Zeitung, denn er interessiert sich für Politik. Aber oft ärgert er sich über die Nachrichten.

Ich muss früh aufstehen und fühle ...

5 Max Giebel und seine Frau Julia sprechen abends über den Tag. Ergänzen Sie die Verben im Perfekt.

sich ärgern über • sich beeilen • sich entschuldigen • sich fühlen • kaufen • machen • passieren • sich unterhalten • sich wohl fühlen

Julia: Na, wie war dein Tag?

Max: Leider nicht so gut. Ich *habe* *mich* ________ meinen Chef ________ [1].

Julia: Warum das denn? Was ________ ________ [2]?

Max: Gestern war ich im Stress und ich ________ ________ ________ [3]. Dann ________ ich einen Fehler ________ [4]: Eine Kundin wollte 20 Erdbeertörtchen für eine Feier im Büro und ich habe nur zehn gemacht. Sie war wütend. Ich ________ ________ natürlich sehr schlecht ________ [5] und ________ sofort ________ [6]. Sie ________ dann noch einen Schokoladenkuchen ________ [7] und war am Ende ganz nett. Aber mein Chef hatte den ganzen Tag schlechte Laune und ich ________ ________ in der Bäckerei nicht mehr ________ ________ [8].

Julia: Oh, wie unangenehm! Und dann?

Max: Na ja, später ________ wir ________ in Ruhe ________ [9]. Er hat gesagt, dass ich nicht so hektisch sein soll.

Julia: Ja, das ist richtig. Du bist häufig zu schnell, aber meistens auch gut!

Wie die Zeit vergeht

6 **Was passt: *an – auf – für – mit* oder *über*? Ergänzen Sie.**

Pavel feiert heute seinen 30. Geburtstag! Er hat sich schon lange __________[1] seine Feier gefreut. Alle Freunde und Kollegen wollen kommen und hoffen natürlich __________[2] ein gutes Essen. Pavel macht russische Spezialitäten und Maria hilft. Pavel hat __________[3] alles gedacht: eine wunderschöne Torte, Salate, Braten, Getränke. Na ja, an fast alles. Etwas hat er vergessen: die Servietten! Pavel streitet sich __________[4] Maria: Wer geht die Servietten kaufen? Pavel ärgert sich __________[5] seine Freundin: Es ist doch sein Fest! Aber dann geht er selbst. Als er wieder zu Hause ist, ist schon alles fertig! Jetzt warten sie __________[6] die Gäste. Dann kommen endlich alle und bringen Geschenke. Pavel freut sich besonders __________[7] das Geschenk von seinem Großvater: ein Aquarium. Pavel interessiert sich sehr __________[8] Fische. Er unterhält sich __________[9] Klaus __________[10] seine Lieblingfische. Dann kommt Maria und sagt: „Jetzt tanzen wir aber!“ Das Fest dauert bis in die Nacht und alle haben viel Spaß.

7 **Sabine hat ein freies Wochenende. Sie fährt zu Ihrer Freundin nach Köln. Sie hat eine Notiz für ihre Familie geschrieben. Aber Gregor kann sie nur schlecht lesen. Fragen und antworten Sie wie im Beispiel.**

Tipp
Benutzen Sie das Modalverb **sollen**.

Meine Lieben,

Ich freue mich sehr auf die Tage mit Claudia. Sie interessiert sich sehr für euch. Lilli ist am Samstag mit Tante Ingrid verabredet. Sie muss an das Geschenk denken. Die Tante freut sich doch immer so über neue Pflanzen. Gregor, bitte ärgere dich nicht über den Nachbarn. Du weißt doch, wie er ist. Und streitet euch nicht über den Abwasch, und auch nicht über das Fernsehprogramm. Macht lieber einen Ausflug. Wartet am Sonntag nicht auf mich, es kann spät werden.

Eure Mama

Lesen

8 **Eine Umfrage: Worauf freuen Sie sich im Urlaub am meisten? Lesen Sie die Statistik und schreiben Sie Sätze wie im Beispiel.**

84 Prozent freuen sich auf Entspannung.

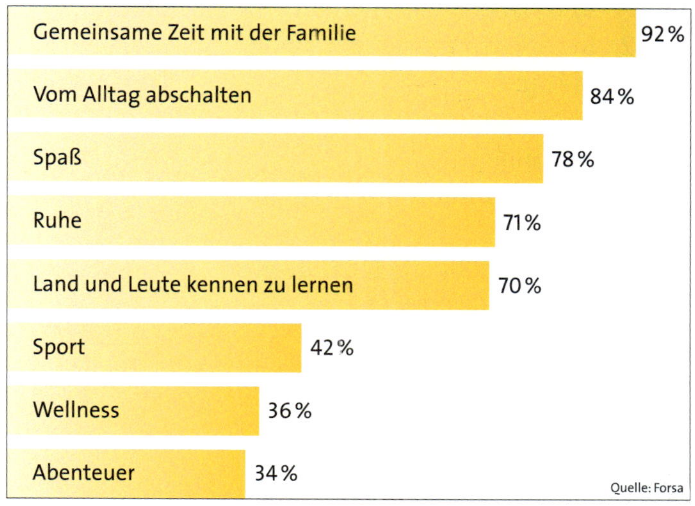

9 **Ein Interview.**
a) Lesen Sie den Text und kreuzen Sie auf Seite 14 an: richtig oder falsch?

Keine Zeit für Langeweile!

Wie verbringen die Rentner ihre Freizeit? Wir haben Mathilde und Kurt Menzel (86 und 82) in Duisburg besucht und mit ihnen gesprochen.

Rentnerkurier: Herr und Frau Menzel, Sie sind seit etwa 12 Jahren Rentner. Langweilen Sie sich manchmal?
M. Menzel: Nein, nein! Für Langeweile bleibt uns gar keine Zeit, oder, Kurt?

Boppard

K. Menzel: Langeweile kennen wir nicht, nein. Wir stehen jeden Morgen um sechs Uhr auf, frühstücken zusammen, lesen Zeitung und reden über die Nachrichten. Dann gehe ich oft in den Garten ...
M. Menzel: Und ich räume erst einmal auf. Danach male ich, meistens Tiere und Pflanzen. Nach dem Mittagessen gehen wir häufig spazieren und am Nachmittag legen wir uns für eine Stunde hin. Abends sehen wir fern, telefonieren, schreiben Briefe oder spielen Karten.
Rentnerkurier: Aber immer zu Hause. Ist das nicht zu wenig Abwechslung?
K. Menzel: Wir sind nicht immer zu Hause. Wir sind sehr aktiv, wir fahren fast jedes Wochenende in eine andere Stadt.
Rentnerkurier: Jede Woche eine andere Stadt! Das ist ja toll!
M. Menzel: Ja, wissen Sie, früher konnten wir nicht reisen. Wir haben viel gearbeitet, aber wir hatten nie viel Geld. Dann waren da ja auch die Kinder ... Jetzt sind sie groß und es geht ihnen gut. Also, warum nicht etwas von der Welt sehen?

Koblenz

Trier

Rentnerkurier: Ja, Frau Menzel, das verstehe ich. Und was haben Sie diesen Sommer gesehen?
M. Menzel: Wir entdecken gerade die Pfalz. Wir waren schon in Boppard, in Koblenz und in Trier.
K. Menzel: Nächste Woche fahren wir nach Cochem.

Cochem

Rentnerkurier: Vielen Dank, Herr und Frau Menzel! Und viel Spaß in Cochem, die Stadt ist wunderschön!

	richtig	falsch
1. Kurt und Mathilde Menzel haben die Zeitung besucht und haben dort ihr Interview gegeben.	☐	☐
2. Sie sprechen über die Rente.	☐	☐
3. Sie sind sehr aktiv und machen gern Ausflüge.	☐	☐
4. Sie waren schon in Cochem.	☐	☐
5. Mathilde hat ein Hobby: Sie malt.	☐	☐
6. Kurt und Mathilde Menzel langweilen sich nie.	☐	☐

b) Schreiben Sie die Sätze weiter.

1. Kurt Menzel sagt, dass er und seine Frau um sechs ...
2. Mathilde Menzel erzählt, dass sie am Vormittag ...
3. Mathilde Menzel sagt, dass sie und ihr Mann früher ...
4. Herr und Frau Menzel erzählen, dass sie schon ...

Kommunikation

10 Was erzählt Sabine?
a) Verbinden Sie.

1. Morgens fühle ich mich oft
2. Alles muss schnell gehen
3. Dann ärgere ich mich
4. Nach der Fahrt trinke ich Kaffee
5. Ich mag meine Arbeit
6. Täglich habe ich interessante Termine
7. Aber nicht alle Aufgaben sind interessant
8. Meine Freizeit verbringe ich
9. Aber wir unterhalten uns oft

a) mit meiner Familie.
b) und freue mich auf den Arbeitstag.
c) und treffe mich mit Kunden und Kollegen.
d) und mache fünf Minuten Pause.
e) über die Arbeit.
f) über den Stau in der Stadt.
g) schon gestresst.
h) und die Kinder müssen sich immer beeilen.
i) und manchmal langweile ich mich auch.

b) Gregor erzählt, wie seine Frau den Tag verbringt. Was sagt er? Schreiben Sie Sätze.

1. Morgens fühlt sich Sabine oft schon gestresst.
2. Alles muss ...

11 Und wie verbringen Sie Ihre Woche? Beantworten Sie die Fragen und schreiben Sie einen Text (ca. 40–60 Wörter).

– Wann stehen Sie von montags bis freitags auf? Und am Wochenende?
– Wann gehen Sie zum Deutschkurs?
– Was machen Sie am Abend und am Wochenende?
– Was machen Sie mit Ihren Kindern / Ihrem Mann / Ihrer Frau / Ihrem Freund / Ihrer Freundin / Ihren Freunden?
– Haben Sie ein Hobby?

In der Woche stehe ich immer um ... auf. Dann ... Um ... Am Abend gehe ich oft / mache ich / ...

12 **Beate arbeitet in einem Restaurant. Sie braucht heute Abend einen Babysitter und ruft ihre Freunde an. Sie haben aber alle keine Zeit. Der Dialog beginnt immer so:**

Beate: Hallo, hier ist Beate. Du, sag mal, hast du heute Abend vielleicht Zeit? Ich muss arbeiten – ja, meine Kollegin ist krank – und ich brauche dringend einen Babysitter für Leonie.

Was antworten die Freunde? Notieren Sie die Antworten.

Jessica: „Tut mir leid!"
- sich mit Rebecca verabreden
- einen spannenden Film sehen
- Karten schon gekauft

Astrid: „Das geht leider nicht."
- sich mit ihrem Freund treffen
- ein romantisches Abendessen
- schon lange geplant

Eddi: „Ich kann nicht."
- sich erkältet haben
- sich schlecht fühlen
- im Bett bleiben müssen

13 **Die vier Jahreszeiten: Worüber freuen oder ärgern Sie sich? Schreiben Sie einen Text.**

Winter: viel Schnee, sehr kalt, dunkel, lange Abende, kurze Tage, schöne Feste, ...

Frühling: viele Blumen, alles ist grün, die Vögel singen, es regnet oft, mehr Licht, ...

Sommer: es ist heiß, Reisen, schwimmen gehen, draußen sein, ...

Herbst: Pilze suchen, viele Farben, es regnet oft, Wind, ...

Sommer: Ich freue ich mich auf das Schwimmbad und auf die Reise nach ...

Generationen

Wortschatz

1 Das Leben. Ordnen Sie die Wörter zu. Manchmal gibt es mehrere Möglichkeiten.

der Spielplatz • die Arbeit • Spaß haben • von zu Hause ausziehen • etwas erreichen • die Ehe • das erste Mal verliebt sein • der/die Rentner/in • Zeit haben • die Oberschule • das Abitur • das Leben genießen • Enkel haben • Kinder bekommen • der Kindergarten • viele Reisen machen • Erinnerungen haben

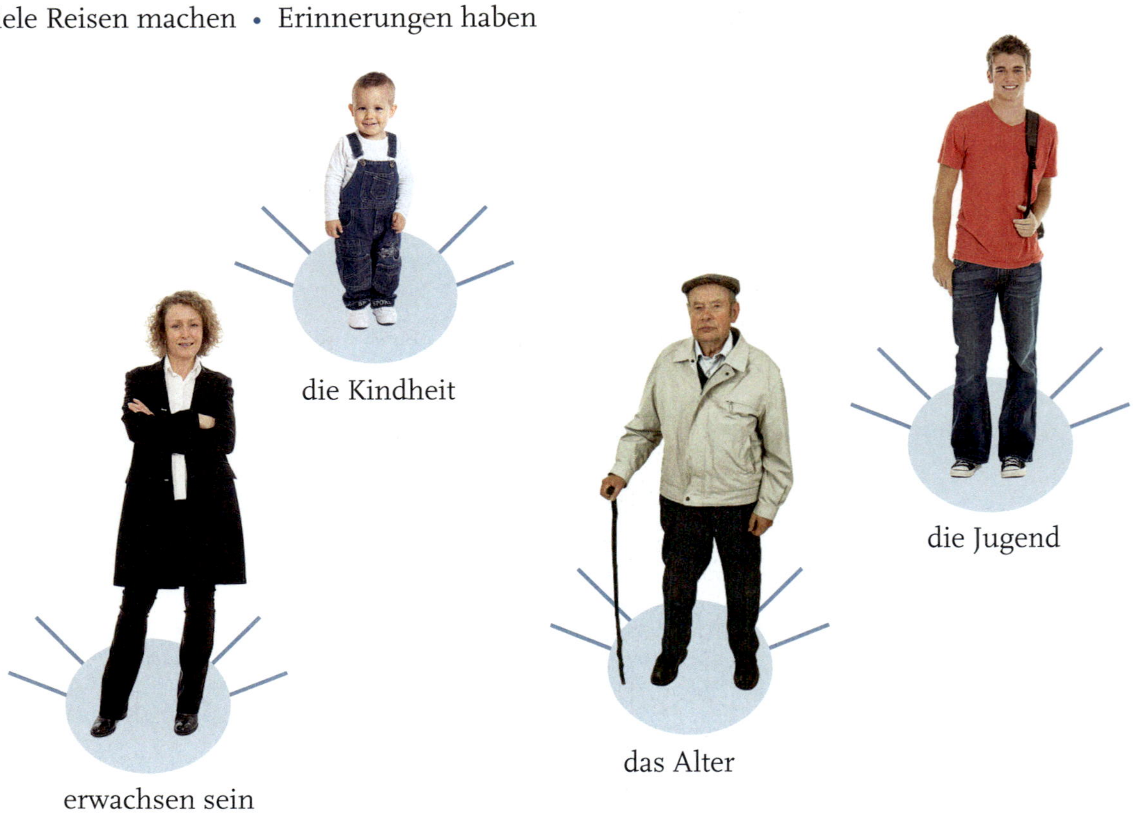

2 Seit 70 Jahren Freunde! Ergänzen Sie Sie den Text.

Erwin und Hans haben schon immer in einem  __________[1] gelebt. Sie haben zusammen die kleine  __________[2] besucht und am Wochenende haben beide im  __________[3] gesungen. Nach dem  __________[4] sind sie wieder in ihr Dorf zurückgekommen. Beide haben eine Freundin aus ihrer Jugend geheiratet. Die  __________[5] von Hans ist bis heute glücklich. Erika, die Frau von Erwin, ist vor einem Jahr leider  __________[6]. Beide Männer haben  __________[7]. Hans und Erwin passen gern auf sie auf. So unterstützen sie ihre Kinder und sie bleiben jung.

3 **Wörterpuzzle. Finden Sie das Wort und ordnen Sie die Bedeutung zu.**

1. rmäutne ____________________ = [g]
2. ntuertzüents ____________________ = [ ]
3. enlgün ____________________ = [ ]
4. waerchens ____________________ = [ ]
5. zieauhsen ____________________ = [ ]
6. sich erlievenb ____________________ = [ ]
7. etwas aeffschn ____________________ = [ ]
8. niegeßen ____________________ = [ ]

a) Das ist man mit 18.
b) Zwei Menschen treffen sich und finden sich ganz toll.
c) Die Eltern geben z. B. den Kindern Geld für die Ausbildung.
d) Man hat Zeit, die Sonne scheint, man isst gut ...
e) Man sagt etwas, aber es ist nicht wahr.
f) Man geht aus dem Haus und hat eine eigene Wohnung.
g) Oft macht man es im Schlaf.
h) Man hat gearbeitet und hat etwas fertig gemacht.

4 **Meine Mutter– eine Biografie. Christina Lang erzählt.**
a) Was passt zusammen? Verbinden Sie.

1. Meine Mutter ist leider	a) Vater kennengelernt.
2. Ich war 14 Jahre alt	b) sie hat mich immer unterstützt.
3. Das war hart, denn	c) ein eigenes Geschäft.
4. Ich habe sehr schöne	d) sehr glücklich.
5. Sie hat mit 20 meinen	e) auf sie.
6. Die Ehe war	f) sehr früh gestorben.
7. Sie hat auch	g) und noch nicht erwachsen.
8. Sie hatte	h) Erinnerungen an sie.
9. Ich bin stolz	i) viel erreicht.

b) Schreiben Sie den Text in Ihr Heft. Benutzen Sie die Verbindungen aus a).

Meine Mutter ist leider sehr früh gestorben.
Ich war 14 Jahre alt und noch nicht ...
Das war hart, denn sie hat ...

Grammatik

5 Sätze mit *als*: Verbinden Sie die Hauptsätze und schreiben Sie wie im Beispiel.

Beispiel: Ich war 6 Jahre alt. – Wir sind umgezogen.
Als ich 6 Jahre alt war, sind wir umgezogen.

Ich war 7 Jahre alt. – Ich bin in die Schule gekommen.
Ich war 10 Jahre alt. – Meine Oma ist gestorben.
Ich war in der 7. Klasse. – Ich habe mich zum ersten Mal verliebt.
Ich habe meinen 15. Geburtstag gefeiert. – Ich habe einen Hund geschenkt bekommen.
Ich war fertig mit der Schule. – Ich habe eine Stelle gesucht.
Ich habe als Verkäufer in einem Kaufhaus gearbeitet. – Ich war nicht zufrieden.
Ich habe meinen 30. Geburtstag gefeiert. – Ich wollte mein eigenes Geschäft haben.
Ich hatte den Wunsch nach einer Familie. – Ich bin zu einer Partnervermittlung gegangen.
Im Herbst 2008 war ich auf einer Reise. – Eine nette junge Frau hat mir geschrieben.
Ich bin zurückgekommen. – Wir haben uns getroffen und uns sofort verliebt.

6 Verliebt – verlobt – verheiratet: Liebesgeschichten früher und heute. In dem Text fehlen Sätze mit *als*. Was passt? Schreiben Sie den Text in Ihr Heft.

- man konnte die ersten Kontaktanzeigen in den Zeitungen lesen
- man hatte noch kein Internet
- ~~unsere Eltern waren noch jung~~
- die ersten Kontaktbörsen waren im Internet
- man hat seinen Partner noch direkt gesucht
- man konnte sich noch beim ersten Kennenlernen in die Augen sehen
- die Ehe war auch eine wichtige Zweckgemeinschaft

Früher, als _unsere Eltern noch jung waren_, ist man gern zum Tanztee gegangen. Die Damen hatten Tanzkarten und die Männer haben auf diesen Karten einen Tanz mit der Frau reserviert. Auf diesen Veranstaltungen, zu einer Zeit, als ______________________, haben sich so viele Paare gefunden. Das war auch wichtig. Denn damals, als ______________________, haben die Menschen oft schon mit Anfang 20 geheiratet. Schon bald, als ______________________, hat man auch auf diesem Wege einen Partner oder eine Partnerin gefunden. Dann, als ______________________, konnten die Menschen in der ganzen Welt nach einem Partner oder einer Partnerin suchen. Das Angebot ist heute sehr groß, aber man weiß nie, wie die Person im Netz wirklich ist.
Als ______________________, hat man sofort gewusst: Das ist der oder die Richtige!
Was meinen Sie: War es früher, als ______________________, besser als heute?

7 **Das Fotoalbum. Ergänzen Sie *als* und die Modalverben im Präteritum!**

Mathilde Menzel sitzt mit ihren Enkelkindern zusammen und sie sehen sich Fotos an. Frau Menzel erzählt: „Ach ja, das ist ein tolles Foto. Dieses Bild hat man gemacht, ____________[1] Opa 14 Jahre alt war und im Dorf arbeiten ____________[2].

Ja, eine schwere, aber auch schöne Zeit! Der Arbeitstag auf dem Land beginnt früh, deshalb ____________[3] Opa immer um vier Uhr aufstehen. Mittags ____________[4] er zusammen mit der Bauernfamilie essen. Das war gut, denn bei ihm zu Hause hatten sie nicht viel.

Oh, und dieses Foto ist aus der Zeit, ____________[5] wir geheiratet haben. Wir waren jung, verliebt und ____________[6] eine Familie haben! Natürlich ____________[7] wir nicht viel kaufen oder reisen, aber wir waren einfach glücklich. Der Krieg war vorbei und wir ____________[8] endlich in Ruhe leben und arbeiten.

Ja, und das seid ihr, ____________[9] ihr noch ganz klein wart. Eure Mutter hat gearbeitet und ____________[10] euch jeden Morgen zu uns bringen. Das habe ich sehr genossen. Wisst ihr noch? Ich habe oft Milchreis gekocht. Den ____________[11] ihr am liebsten jeden Tag essen."

8 **Aktiv im Alter. Wiederholung: Verben mit Präpositionen.**
Ergänzen Sie und schreiben Sie den Text in Ihr Heft.

Willy Meinold ist stolz ________[1] seinen Seniorenklub. Alle im Klub sind ________[2] neuen Freundschaften interessiert, sie möchten sich ________[3] anderen Senioren ________[4] ihre Probleme und Interessen unterhalten. Viele interessieren sich zum Beispiel ________[5] Literatur.

Die Klubmitglieder sind alle Rentner, oft fühlen sie sich nicht mehr gebraucht und ärgern sich ________[6] die Langeweile! Sie wollen lieber etwas ________[7] andere tun und sie freuen sich ________[8] jede Aktion. Viele verabreden sich ________[9] den anderen zum Sport und genießen das gemeinsame Training. Vor zwei Monaten ist Gertrud in den Klub gekommen. Willys Nachbar Hans – er ist auch schon allein – hat sich gleich ________[10] sie verliebt. Alle haben sich so ________[11] diese Liebesgeschichte gefreut! Jetzt träumen die beiden ________[12] einer romantischen Hochzeit. Alle freuen sich schon ________[13] das Fest und hoffen ________[14] ein Happy End!

Lesen

9 Das Mehrgenerationenhaus.

a) Lesen Sie den Text. Welche Altersgruppen leben in einem MGH?

Starke Leistung für jedes Alter

ALLEIN in Deutschland gibt es schon über 500 Mehrgenerationenhäuser. Das Konzept ist auch in der Schweiz und in Österreich beliebt und erfolgreich. Die MGH sind eine Antwort auf die Frage nach dem Zusammenleben von Jung und Alt. In immer mehr Ehen arbeiten beide Partner den ganzen Tag. Sie haben oft zu wenig Zeit für die Kinder und noch weniger Zeit für ihre Eltern.
Gleichzeitig gibt es immer weniger Kinder und immer mehr Menschen werden immer älter. Schon 2020 sind fast 30 Prozent über 60 Jahr alt.

Jung und Alt beim …

In einem MGH leben vier Altersstufen zusammen in einem Haus oder einem Zentrum: Kinder und Jugendliche, Erwachsene, junge Alte (ab 50) und Hochbetagte (Menschen über 80). Für alle gibt es gleichberechtigte Angebote für ein besseres Leben: Kinderbetreuung, Freizeitaktivitäten, Hilfe im Haushalt und bei der Pflege von alten und kranken Menschen. Dafür gibt es Angestellte, denn der Staat unterstützt die Mehrgenerationenhäuser. Aber über 60 Prozent der Helfer und Helferinnen arbeiten freiwillig mit. Die Begegnung und die Zusammenarbeit von alten und jungen Menschen sind ein wichtiges Prinzip für die MGH. Deshalb gibt es auch immer einen „offenen Treff“, zum Beispiel ein Café. Hier treffen sich die Menschen und finden Freunde in jeder Altersgruppe. Oft gibt es auch eine Gemeinschaftsküche und gemeinsame Feste. Alle profitieren von diesem Zusammensein von Alt und Jung.

… gemeinsamen Spiel

nach: Broschüre „Starke Leistung für jedes Alter“ des Aktionsprogramms Mehrgenerationenhäuser

b) Lesen Sie den Text noch einmal. Kreuzen Sie an: richtig oder falsch?

	richtig	falsch
1. Mehrgenerationenhäuser gibt es nur in Deutschland.	☐	☐
2. Schon 2020 ist fast ein Drittel der Deutschen über 60 Jahre alt.	☐	☐
3. Ein Mehrgenerationenhaus ist ein Altersheim.	☐	☐
4. In einem MGH bekommt man Hilfe für die Pflege von seinen alten Eltern.	☐	☐
5. Viele alte Menschen passen freiwillig auf die Kinder in einem MGH auf.	☐	☐
6. Es gibt keine Erzieher/innen und Krankenpfleger/innen.	☐	☐
7. Viele Menschen aus dem MGH gehen lieber in ein Café in die Stadt.	☐	☐
8. Manchmal kocht man zusammen.	☐	☐
9. Das MGH hat für alle Vorteile.	☐	☐

Kommunikation

10 **Wie war das früher in der Schule? Paul hat viele Fragen an seinen Großvater. Schreiben Sie den Dialog.**

Paul		Willi
Wie/in der Schule?	↘	
	↙	immer aufstehen und „Guten Morgen“ im Chor sagen/müssen
mit den anderen reden/dürfen?	↘	
	↙	nein/dann in die Ecke müssen
Unterricht interessant?	↘	
	↙	manchmal ja/eine nette Deutschlehrerin, gut erzählen/können
was lesen/müssen?	↘	
	↙	viele Gedichte
viele Hausaufgaben machen/müssen?	↘	
	↙	oft/viel schreiben müssen
schrecklich?	↘	
		nein/oft viel Spaß haben

11 **Ihr Großvater/Ihre Großmutter feiert den 80. Geburtstag. Sie können nicht zum Geburtstagsfest reisen und schreiben eine Karte. Die Wörter helfen Ihnen.**

Lieber Opa / Liebe Oma,
herzlichen Glückwunsch
zum Geburtstag!
Leider ...

nicht kommen können • möchte sagen: hart gearbeitet, viel geschafft und viel erreicht • stolz auf dich sein • ein wunderbarer Opa / eine wunderbare Oma • alles Gute wünschen • an dich denken

12 **Willi, Kurt und Mathilde, Hans und Gertrud machen einen Erinnerungsabend. Willi notiert das Alter und die anderen sagen, was sie gemacht haben.**

a) Schreiben Sie die Antworten in Ihre Heft.

19 *Kurt:* sich zum ersten Mal verlieben; *Mathilde:* mit der Lehre als Schneiderin fertig sein; *Hans:* schon im Krieg sein; *Gertrud:* das erste Kind bekommen

30 *Willi:* eine neue Arbeit finden; *Kurt:* seine Frau kennenlernen; *Mathilde:* endlich eine Familie haben wollen; *Hans:* nach Bonn gehen; *Gertrud:* schon 2 Kinder haben, wieder arbeiten gehen

45 *Willi:* viel Sport treiben; *Kurt:* noch hart arbeiten; *Mathilde:* eine Halbtagsstelle bekommen; *Hans:* ein Auto kaufen; *Gertrud:* eine Reise nach Spanien machen

b) Und Sie? Was haben Sie mit 10, 20, 30, 40, ... gemacht?

Kinder und Beruf

1 Kinderbetreuung.
a) Ordnen Sie die Begriffe den Texten zu.

die Tagesmutter: Sie hat einen Vertrag mit der Stadt und betreut 2–5 Kinder im Alter von 0–6 Jahren zu Hause.

die Kindertagesstätte (Kita): In der Regel für Kinder von 2–3 bis 6 Jahre. Betreuungszeiten oft ganztägig. Die Kita ist in manchen Städten auch ein Name für alle Arten von Betreuung (s. auch Krippe, Hort) oder ist so groß, dass sie alle Altersgruppen betreut.

die Krippe: Für Kinder bis 3 Jahre. Wenn Eltern arbeiten wollen oder müssen, auch wenn die Kinder noch klein sind.

der Kindergarten: Eine Kita kann auch ein Kindergarten sein. Hier gehen Kinder unter 6 Jahren hin. Öffnungszeiten unterschiedlich. Manche Kindergärten gehören zu einer Kirche.

der Hort: Für Kinder ab 6 Jahre. Sie gehen vor oder nach der Schule in den Hort.

1. Unser Timo ist neun und geht nach der Schule in den ______________. Dort spielt er mit seinen Freunden, die Erzieherin hilft bei den Hausaufgaben und um fünf hole ich ihn ab.
2. Als Marina ein Jahr alt war, wollte ich wieder arbeiten. Aber wir mussten lange auf einen freien Platz in der ______________ warten. Die ersten drei Monate war sie bei einer ______________. Das war ganz schön teuer.
3. Ich bin zu Hause, aber Juan geht von acht bis eins in einen ______________. Dort kann er mit anderen Kindern spielen und lernt Deutsch.
4. Unsere Kinder (3 und 5 Jahre alt) gehen beide in die ______________ „Sonnenschein“. Mein Mann bringt sie um 8:30 Uhr hin und ich hole sie um fünf ab. So können wir beide arbeiten.

b) Nützliche Fragen. Wählen Sie aus und setzen Sie sich Rücken an Rücken. „Telefonieren“ Sie.

Ich möchte ab ... wieder arbeiten. Wann muss ich mein Kind anmelden?
Gibt es bei Ihnen noch freie Plätze? Von wann bis wann ist ... geöffnet?
Wie viele Kinder sind in einer Gruppe? / Wie alt sind die Kinder?
Gibt es ein warmes Mittagessen? / ein Frühstück?
Bekommen die Kinder Hilfe bei den Hausaufgaben?
Wie hoch sind die Kosten? Bekomme ich Unterstützung? Wo...?

2 Mitteilungen auf der Arbeit.

a) Was passt zusammen? Lesen Sie und ordnen Sie zu. Zu einer Aussage gibt es keine Mitteilung. Machen Sie hier ein X.

Liebe Kolleginnen und Kollegen,

die nächste Betriebsversammlung ist am Freitag, den 14.09. um 11 Uhr in der Kantine.

Ihr Betriebsrat

A

Liebe Kolleginnen,

Ina Meyer hat am Dienstag ihren letzten Tag. Ich sammle Geld für Blumen und ein kleines Geschenk.
Beteiligt ihr euch mit drei Euro? Bitte gebt mir das Geld bis Donnerstag.

Danke und Grüße
Anja

B

Lieber Herr Weimann,
könnten Sie den Schlüssel vom Konferenzraum nach der Besprechung wieder am Empfang abgeben?
Danke A. F.

C

Lieber Thomas,

ich musste die Besprechung von deinem Entwurf für den neuen Prospekt leider verschieben.
Sie ist jetzt am Montag um 11 Uhr.

P.S.: Der Entwurf gefällt mir gut. Alles weitere dann!

D

1. ☐ Nach einer Besprechung muss man den Raum abschließen und der Schlüssel muss in der Firma bleiben.
2. ☐ Besprechungstermine ändern sich oft.
3. ☐ Wenn man später kommt oder einen Tag frei nimmt, muss man den Kollegen Bescheid sagen.
4. ☐ Wenn ein Kollege / eine Kollegin geht, macht man oft eine kleine Abschiedsfeier und alle beteiligen sich am Geschenk.
5. ☐ Alle Mitarbeiter sollen am Freitag in die Kantine kommen.

b) Lesen Sie die Stichpunkte und schreiben Sie Mitteilungen.

a) Tochter hat Impftermin, Treffen auch eine Stunde später möglich? (von 10:00 auf 11:00 Uhr)
b) Urlaub, Bitte an Kollegin: Ihre Blumen im Büro gießen
c) Kopierer kaputt: Hängen Sie einen Zettel an die Tür vom Techniker
d) Kollege hat Geburtstag, Ihre Kollegen und Kolleginnen sollen eine Geburtstagskarte unterschreiben

Lieber Herr Weimann,
ich muss morgen mit meiner Tochter zum Arzt und komme deshalb ....
Könnten wir uns auch ...

Mein Zuhause

Wortschatz

1 Ergänzen Sie die Wörter. Denken Sie an den Artikel und die Pluralform.

das Rollo, die Rollos

2 Simay und Merhad planen ihren Umzug. Sie machen eine Liste. Ergänzen Sie die Verben. Rechts unten finden Sie Hilfe.

1. alte Wohnung ____________
2. den Mietvertrag ____________
3. in den Baumarkt ____________: Farben und Pinsel ____________
4. Kisten ____________,
5. einen LKW ____________,
6. alte Sachen ____________,
7. neue Wohnung ____________: die Decken weiß ____________.

gehen • kaufen • kündigen • mieten • packen • renovieren • streichen • unterschreiben • wegwerfen

3 Irina und Thomas bekommen ein Kind. Ergänzen Sie den Text.

aufstellen • einrichten • fröhlich wirken • renovieren • streichen • ~~verändern~~ • verändern • wählen • wegwerfen

Ihr Leben _verändert_ [1] sich, also müssen sie auch die Wohnung ____________ [2]. Sie ____________ [3] sie und ____________ ein Kinderzimmer ____________ [4]. Thomas will die Wände und die Decken bunt ____________ [5]. Er ____________ [6] warme Farben: Es soll ____________ ____________ [7]. In dem Zimmer stehen noch alte Möbel und Thomas sagt, dass er sie gern ____________ [8] will. Jetzt müssen sie Kindermöbel ____________ [9]!

4 Glück im Unglück. Was ist passiert? Schreiben Sie einen Text.

Thomas hat zu viel Farbe gekauft und wollte auch das Bad streichen.

1. eine Leiter in die Mitte stellen

2. der Boden, feucht/ fast von der Leiter fallen

3. sich am Schrank festhalten können/ nichts Schlimmes passieren

Grammatik

5 Pia bekommt Besuch von ihren Eltern. Deshalb räumt sie auf. Was macht sie? Schreiben Sie Sätze und benutzen Sie die Verben + Akkusativ.

hängen • stellen • legen • räumen

1

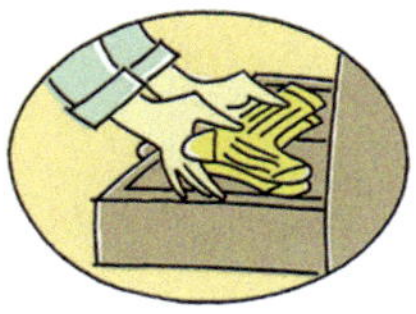
2

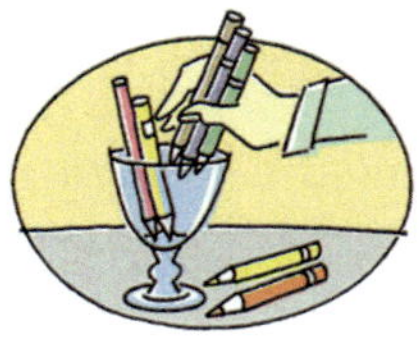
3

4

5 *

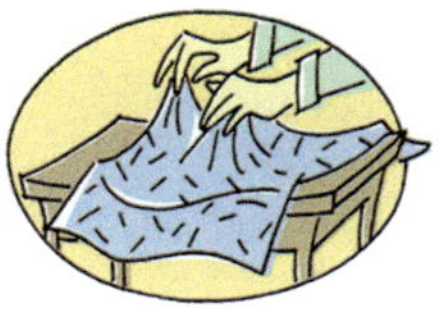
6

7

8

* der Geschirrspüler

6 Maria sucht ihre Monatskarte. Wo sucht sie? Ergänzen Sie den Text und benutzen Sie den Dativ.

Liegt sie vielleicht auf

der Heizung  ? Nein, hier ist sie nicht.

Wo denn dann? Auf __________ __________ [1] 

?

Nein, hier auch nicht. Oder hier? Ach, nein, auch __________ __________

__________ [2]  , liegt sie nicht. Aber vielleicht ist sie ja auch __________

__________ [3]  ? Nein. Oder __________ __________

__________ [4]  ? Hm ... Ah, da ist sie ja, was macht die

Monatskarte nur unter __________ __________ [5]

 ?

7 Sabine Weiß muss für ihre Firma zu einem Kongress fahren. Sie hat ein tolles Hotelzimmer bekommen. Abends beschreibt sie es Gregor. Schreiben Sie den Text weiter.

Wo steht/liegt: das Bett / der Fernseher / der Schreibtisch / der Stuhl / das Telefon / die Lampe

Gegor: Na, wie ist denn dein Zimmer? Ist es gemütlich?
Sabine: Ja, es ist ganz nett. An den Fenstern hängen dunkle Gardinen und man kann in dem Zimmer gut schlafen. Mein Bett steht

in der Mitte und gegenüber hängt

Mein Zuhause

8 Unser neues Wohnzimmer. Ergänzen Sie die Präpositionen.

Wir haben renoviert und jetzt sieht unser Wohnzimmer ganz anders aus. ____________[1] der rechten Seite gibt es jetzt einen Kamin. ____________[2] dem Kamin hängt ein Spiegel und ____________[3] dem Spiegel noch ein kleines Regal. ____________[4] dieses Regal haben wir kleine Vasen und Fotos gestellt. ____________[5] die andere Wand, also ____________[6] vom Kamin haben wir ein gemütliches Sofa gestellt. ____________[7] dem Sofa steht ein kleiner Tisch. ____________[8] diesem Tisch trinken wir abends Tee oder spielen etwas. ____________[9] den Fenstern haben wir keine Rollos mehr, denn sie waren ungemütlich. Jetzt hängen dort Gardinen. ____________[10] der Mitte liegt ein weißer Teppich. Die alte Lampe ____________[11] der Decke ist geblieben. ____________[12] der linken Ecke und ____________[13] dem Bücherregal stehen Pflanzen.

9 Monika Berger besucht eine Freundin und findet, dass sie ihre Möbel auch nach Feng Shui umräumen soll. Ergänzen Sie die Verben.

stehen/stellen • liegen/legen • sitzen/setzen • hängen

Oh, hier muss man viel verändern! Dein Bett, zum Beispiel ____________[1] jetzt unter dem Fenster. Man muss es aber an die Wand ____________[2]. Dann ____________[3] in deinem Schlafzimmer noch Pflanzen, wir ____________[4] sie jetzt alle ins Wohnzimmer, ja? Vor dein Bücherregal ____________[5] wir ein Tuch. An deiner Wand ____________[6] ein sehr dunkles Bild, wir werfen es weg, ist das okay? Auf das Sofa im Wohnzimmer ____________[7] wir ein paar Kissen. Du ____________[8] doch so gern dort, also soll es auch gemütlich sein. Wie gefällt dir das?

10 Viele Pläne. Wiederholung: *dass*–Sätze und Modalverben. Was glauben die Leute und was wollen sie machen? Schreiben Sie Sätze wie im Beispiel.

Ordnung brauchen, viele Sachen wegwerfen / die Möbel umstellen – Monika

seine Wohnung ist zu klein, umziehen / eine neue Wohnung suchen – Marcel

ihre Nachbarn sind zu laut, sich bei ihnen beschweren – Sabine

sein Wohnzimmer wirkt kühl, Wände streichen / eine warme Farbe kaufen – Max

Monika glaubt, dass sie Ordnung braucht. Sie muss viele Sachen wegwerfen und sie will die Möbel umstellen.

Lesen

11 **Ein Brief von der Hausverwaltung.**
a) Lesen Sie den Brief. Wer ist ...

1. der Empfänger?
2. der Absender?

An die Mieter des Hauses
Blücherstraße 46
10961 Berlin

Berlin, 28.11.2012

Sehr geehrte Damen und Herren,

viele Mieter haben uns geschrieben, dass es in den letzten Wochen Probleme mit der Klingelanlage gegeben hat. Deshalb haben wir gestern die Anlage abgeschaltet. Sie wissen, dass die Firma Domophone unser Haus betreut. Wir haben Domophone über den Defekt informiert. Morgen sollen die Techniker kommen und wir hoffen, dass sie das Problem schnell beheben können. Die Kosten für die Reparatur trägt die Firma selbst. Bitte kontrollieren Sie danach Ihre Klingel. Bei Fragen oder neuen Problemen kontaktieren Sie bitte uns oder Herrn Potschinski von der Firma Domophone:

Karl Potschinski
Lausitzer Straße 104
10111 Berlin
Tel.: 030 658 77 93

Wir wünschen Ihnen eine schöne Adventszeit
und verbleiben mit freundlichen Grüßen
Hausverwaltung SWGB
Deniz Özdamar

b) Lesen Sie den Brief noch einmal. Kreuzen Sie an: richtig oder falsch?

	richtig	falsch
1. Herr Özdamar hat den Brief drei Tage vor Weihnachten geschrieben.	☐	☐
2. Es gibt Probleme mit der Klingelanlage.	☐	☐
3. Die Techniker haben sie gestern repariert.	☐	☐
4. Am 29.11. ist die Anlage nicht in Betrieb.	☐	☐
5. Die Mieter müssen für die Reparatur zahlen.	☐	☐
6. Deniz Özdamar arbeitet bei der Firma Domophone.	☐	☐
7. Die Mieter können bei Herrn Potschinski anrufen.	☐	☐

12 **Der schreckliche Wasserhahn. Lesen Sie den Aushang. Was ist richtig? Kreuzen Sie an.**

der Hahn

der Wasserhahn

Liebe Nachbarn,

seit einer Woche hören wir oft ein komisches und sehr lautes Geräusch. Das Geräusch ist sehr unangenehm und es nervt! Wir glauben, dass in einer Wohnung ein Wasserhahn nicht in Ordnung ist. Kommt das Geräusch vielleicht aus Ihrer Wohnung? Dann möchten wir Sie freundlich bitten: Reparieren Sie Ihren Wasserhahn oder kontaktieren Sie die Hausverwaltung, damit sie das Problem so schnell wie möglich beheben kann.

Vielen Dank und herzliche Grüße
Familie Weiß

1. Warum schreibt Familie Weiß einen Aushang?
a) ☐ Sie möchte die Nachbarn kennenlernen.
b) ☐ Sie will eine laute Party feiern.
c) ☐ Sie weiß nicht, wer im Haus einen kaputten Wasserhahn hat.

2. Was ist das Problem?
a) ☐ Ein Wasserhahn ist sehr laut.
b) ☐ Das Treppenhaus ist feucht.
c) ☐ Die Nachbarn sind zu laut.

3. Was will Familie Weiß erreichen?
a) ☐ Sie möchte, dass der Hausmeister kommt.
b) ☐ Sie möchte, dass man den Wasserhahn repariert.
c) ☐ Neue Wasserhähne für ihre Wohnung.

4. Seit wann gibt es das Problem?
a) ☐ Seit 14 Tagen.
b) ☐ Seit sieben Tagen.
c) ☐ Seit einem Monat.

Kommunikation

13 **Sie feiern ein großes Fest, viele Gäste kommen zu Ihnen, aber die Klingelanlage ist kaputt. Schreiben Sie einen Aushang für Ihre Gäste. Nutzen Sie diese Punkte:**

– Klingel: kaputt
– Tür: soll eigentlich offen sein
– Nicht reinkommen? Dann anrufen oder bei Frau Buck klingeln.

Liebe Gäste,

leider ______________________________

____

____

Wir freuen uns auf euch!
Eure

14 **Ihr Briefkasten ist kaputt. Schreiben Sie einen offiziellen Brief an die Hausverwaltung. Nutzen Sie die folgenden Punkte und vergessen Sie nicht das Datum und die Unterschrift.**

– seit zwei Tagen kaputt sein
– nicht aufmachen können
– schon sehr voll
– das Problem so schnell wie möglich beheben

____

____

____

____

15 **Sie haben Ihr Wohnzimmer renoviert und alles umgestellt. Das möchten Sie Ihren Freunden erzählen. Schreiben Sie eine E-Mail, benutzen Sie das Perfekt. Nutzen Sie die folgenden Punkte.**

Liebe ...

wir haben vor einer Woche renoviert. Das war viel Arbeit!
Wir haben
– alle Möbel umstellen
– die Decken und die Wände in Grün streichen
– den Tisch an die Wand stellen
– ein buntes Bild an die Wand hängen
– einen neuen Teppich auf den Fußboden legen
– im Wohnzimmer eine Ecke für Pflanzen einrichten
– neue Lampen kaufen

Es ist jetzt sehr gemütlich. Kommt uns doch mal besuchen!
Liebe Grüße

16 **Sprichwörter. Was heißt das? Kreuzen Sie an.**

1. „Lieber einmal abbrennen als dreimal umziehen." (*Benjamin Franklin*)
Quelle: http://www.umzug.info/sprueche-zum-umzug.htm

a) ☐ Ein Umzug kann sehr teuer werden.
b) ☐ Für den Umzug braucht man eine Umzugsfirma.
c) ☐ Nach dem Umzug ist immer etwas kaputt oder weg.

2. „Zu Hause bin ich König."
Quelle: H. und A. Beyer, „Sprichwörterlexikon", Bibliographisches Institut, Leipzig, 1989

a) ☐ Mein Zuhause ist sehr schön.
b) ☐ Ich habe zu Hause alles.
c) ☐ Ich darf zu Hause alles machen, was ich will.

Rund ums Geld

Wortschatz

1 Welche Verben passen? Ordnen Sie zu.

abheben • aufnehmen • ausgeben • eröffnen • überweisen • überziehen • unterschreiben • zurückzahlen • zuschicken

Geld ________ ________ ________ ________

ein Konto ________ ________

einen Vertrag ________ ________

einen Kredit ________ ________

2 Was macht man bei einer Bank *nicht*? Streichen Sie durch!

1. a) ein Konto eröffnen
   b) Überstunden machen
   c) Bücher lesen
2. a) eine Überweisung ausfüllen
   b) einen Kredit aufnehmen
   c) ein Video ausleihen
3. a) den Mietvertrag unterschreiben
   b) sein Konto überziehen
   c) seine Schulden zurückzahlen
4. a) Geld abheben
   b) den Reifendruck überprüfen
   c) eine Kreditkarte beantragen
5. a) einen Dauerauftrag einrichten
   b) auf die Energieklasse achten
   c) einen Dispo-Kredit bekommen

3 Ein Freund/eine Freundin hat ein Problem, Sie geben Tipps. Schreiben Sie. Ein Spiegel hilft.

einen Dauerauftrag einrichten
das Geld überweisen
dein Konto überziehen
einen Kredit aufnehmen

1. Ich habe eine Rechnung aus Frankfurt bekommen. Wie soll ich sie bezahlen?

   ____

2. Wir wollen eine Wohnung kaufen und wir haben auch schon 20 000 Euro gespart, aber wir brauchen noch 100 000 Euro.

   ____

3. Bis zum nächsten Monat brauche ich 200 Euro, ich möchte aber keinen großen Kredit aufnehmen.

   ____

4. Jeden Monat muss ich meine Miete, den Strom und die Kitagebühr überweisen. Geht das nicht auch automatisch?

   ____

4 **Wir geben zu viel Geld aus! Was kann man tun? Sammeln Sie.**

1. neuer Kühlschrank

2. Fahrrad statt Auto

3. Energiesparlampen

4. die billigen Produkte

1. Den alten Kühlschrank wegschmeißen.
Ein neuer Kühlschrank verbraucht weniger Strom.

Grammatik

5 **Das liebe Geld. Schreiben Sie Nebensätze mit *weil*.**

Beispiel:
Ich habe keinen Kredit bekommen. Ich habe keine feste Arbeit.
Ich habe keinen Kredit bekommen, weil ich keine feste Arbeit habe.

1. Wir haben die Bank gewechselt. Die Gebühren waren zu hoch.

____

2. Wir haben hohe Heizungskosten. Der Winter war so kalt.

____

3. Der Bankautomat hat Ihre Karte eingezogen. Sie haben dreimal die falsche Geheimzahl eingegeben.

____

4. Familie Jürgens freut sich sehr. Die Bank hat sie beim Hauskauf unterstützt.

____

5. Die Bank hat das Geld auf mein Konto zurückgebucht. Ich habe die Überweisung nicht korrekt ausgefüllt.

____

6. Man kann jetzt auch nachts Geld überweisen. Es gibt Service-Automaten.

____

6 **So viele Wünsche! Diese Personen beantragen einen Kredit. Warum?**

Herr Treis

Frau Lenz

Barbara

Tom

Elke Schnipp

Jan und Elli

1. Herr Treis möchte einen Kredit aufnehmen, weil er ein Haus bauen möchte.

7 **Umzugschaos. Wo passt was? Ordnen Sie zu und schreiben Sie die Sätze in Ihr Heft.**

1. der große Schrank | 5. den großen Schrank | 6. dem großen Schrank | 2. das gelbe Sofa | 12. dem gelben Sofa | 3. die rote Lampe | 9. der roten Lampe | 4. dem alten Schreibtisch | 13. die schwere Kiste | 8. die schwarzen Regale | 11. der schweren Kiste | 7. den alten Schreibtisch | 10. den schwarzen Regalen | 14. der alte Schreibtisch

a) *Nominativ:* Sieh mal, ________ steht/stehen an der Wand.
b) *Akkusativ:* Bitte stell ________ in die Mitte.
c) *Dativ:* Denn unter ________ liegt der Mietvertrag.

Tipp
Wer? oder Was? = Nominativ
Wen? oder Was? = Akkusativ
Wem? oder Wo? + (Präp.) = Dativ

8 **Lesen Sie den Text: *Nominativ (N), Akkusativ (A)* oder *Dativ (D)*? Ordnen Sie zu und schreiben Sie den Text in Ihr Heft.**

Sandra hat **einen tollen Arbeitsplatz** [A] gefunden. Sie arbeitet in **dem neuen Krankenhaus**[1] ☐ neben **dem großen Einkaufszentrum**[2] ☐. Jetzt braucht sie Geld, weil sie **eine teure Wohnung**[3] ☐ im Stadtzentrum gemietet hat. **Die junge Frau**[4] ☐ hat an **der Freien Universität**[5] ☐ studiert und die Stelle ist **ein guter Start**[6] ☐ ins Berufsleben. Sie mag **ihre neuen Kolleginnen**[7] ☐, denn alle sind freundlich und helfen immer gern. Nach **dem anstrengenden Arbeitstag**[8] ☐ ist Sandra oft müde, aber sie freut sich jeden Abend, wenn sie in **ihre schöne Wohnung**[9] ☐ zurückkommt und **die neuen schicken Möbel**[10] ☐ sieht. **Die tollen Sachen**[11] ☐ hat sie selbst gekauft. Sie hat vor **dem stressigen Umzug**[12] ☐ **einen günstigen Kredit**[13] ☐ aufgenommen. Sie kann das Geld in vier Jahren zurückzahlen.

9 **Der neue Wagen. Ergänzen Sie die Endungen.**

Frau Doneker erzählt:

„Wir haben letzte Woche ein neu____ Auto gekauft! Das macht das täglich____ Leben viel leichter. Mit dem groß____ Auto bin ich flexibel. Ich muss auch den wöchentlich____ Einkauf nicht mehr bis nach Hause tragen. Ich kann die schwer____ Tüten einfach in den groß____ Kofferraum legen und bis vor die Haustür fahren. Auch den lang____ Weg zur Arbeit fahren wir jetzt mit dem Auto. Das einzig____ Problem ist der stressig____ und anstrengend____ Straßenverkehr, besonders die lang____ Staus auf der voll____ Autobahn. Aber wir freuen uns über den neu____ Wagen – er gibt uns mehr Freiheit."

10 **Shopping. Sie haben einen Gutschein geschenkt bekommen. Was kaufen Sie? Schreiben Sie wie im Beispiel!**

Ich möchte die bunte Tasse und die schwarze Vase (nicht) kaufen.

Die bunte Tasse und die schwarze Vase sind (nicht) schön.

11 **Wiederholung: Nebensätze mit *als*. Geld und Geschichte. Schreiben Sie Sätze wie im Beispiel und ordnen Sie die Fotos zu.**

A

B

C

D

Beispiel:
Als die Menschen alles selbst produziert haben, konnte man noch sehr gut ohne Geld leben.

a) Man hatte noch kein Papiergeld
b) Man hat am 1. Januar 2002 den Euro eingeführt.
c) Der 2. Weltkrieg war seit drei Jahren vorbei.
d) Der Erste Weltkrieg war zu Ende.

1. ______________________________, hat man nur mit Münzen bezahlt. ☐
2. 1919, ______________________________, hat in Deutschland eine dramatische Inflation begonnen. ☐
3. 1948, ______________________________, hat man die Deutsche Mark eingeführt. ☐
4. ______________________________, hat sich in Deutschland und in Europa viel verändert. ☐

Lesen

12 **Lesen Sie die Texte und die Aussagen. Ordnen Sie die Texte zu. Zu einer Aussage gibt es keinen Text, dort setzen Sie ein X ein.**

1. Ach, was brauche ich schon? Ich habe ja schon alles. Für mich kaufe ich nur Lebensmittel, Drogerieartikel und natürlich Medikamente. Aber für meine Enkelkinder kaufe ich auch Geschenke, zum Beispiel Malbücher und Farben. Sie malen sehr gern.

2. Ich bin Student und lebe sehr sparsam. Ich bin allein und gebe nicht viel aus, aber ich reise sehr gern. Reisen bedeutet für mich Freiheit und ist eine Quelle für neue Ideen. Ich spare jeden Monat etwas Geld für die nächste Reise.

3. Na ja, ich bin Mutter von vier Kindern. Da bleibt wenig Zeit und Geld für eigene Interessen. Das meiste Geld gebe ich für die Kinder aus. Aber ich gehe gern auf Flohmärkte. Dort kaufe ich am liebsten alte Bücher.

4. Ich kriege jede Woche fünf Euro Taschengeld und kaufe mir meistens Eis oder Schokolade. Manchmal gehe ich auch mit einer Freundin in die Stadt und kaufe ein günstiges T-Shirt oder eine CD. Aber etwas Geld spare ich auch immer für Weihnachtsgeschenke.

	Text
1. Er oder sie hat eine große Familie und kann nicht viel Geld für sich ausgeben. Aber er oder sie liebt alte Dinge.	☐
2. Er oder sie gibt das Geld für notwendige Dinge aus: Essen, Trinken, Gesundheit etc. Aber auch für Geschenke.	☐
3. Er oder sie liebt süße Sachen, aber er oder sie denkt auch an andere.	☐
4. Er oder sie liebt schnelle Autos, teure Kleidung und weite Reisen.	☐
5. Teure Sachen sind für ihn oder sie nicht so wichtig. Das ist gut, denn er oder sie hat nicht viel Geld. Aber eine Reise im Jahr muss sein.	☐

13 **Lesen Sie den Beitrag im Internet-Forum. Wie spart Dieter?**

Hilfe, ich gebe zu viel Geld aus!

gefragt von ANGELIKA am 26.06. um 21:50 Uhr

Ich habe schon am 20. des Monats kein Geld mehr. Ich muss dringend sparen. Wer hat Tipps für mich?

Antwort von DIETER am 26.06. um 22:12 Uhr

Ich bin sehr sparsam. Beim Einkaufen achte ich immer auf die Sonderangebote und ich vergleiche die Preise in verschiedenen Geschäften. Auch im Haushalt kann man viel sparen. Energiesparlampen sind sehr effizient! Das habe ich bei meiner letzten Stromrechnung sofort gesehen. Beim Kochen nehme ich nur so viel Wasser wie nötig und benutze immer einen Deckel, dann dauert es nicht so lange, bis das Wasser kocht. Ach ja, und beim Waschen kann man auch sparen. Wir waschen immer nur bei 40 oder 60 Grad und nur, wenn die Maschine auch voll ist. Das Benzin ist jetzt sehr teuer und ich fahre viel Fahrrad oder nehme die U-Bahn.

	ja	nein
1. Er kauft nur noch bei ALDI ein.	☐	☐
2. Er vergleicht beim Einkaufen die Preise.	☐	☐
3. Er hat nur noch Energiesparlampen.	☐	☐
4. Er kocht mit viel Wasser.	☐	☐
5. Er hat für jeden Topf einen Deckel.	☐	☐
6. Er kauft kein Waschmittel mehr.	☐	☐
7. Er fährt keine U-Bahn mehr.	☐	☐

Und zum Schluss: ein Witz.

In der Bank
Der Bankangestellte: Sie müssen den Überweisungsschein unterschreiben.
Der Kunde: Wie soll ich unterschreiben?
Der Bankangestellte: Na so, wie Sie auch Ihre Briefe unterschreiben.
Der Kunde schreibt: „Liebe Grüße, Dein Hans."

Kommunikation

14 **Schreiben Sie eine E-Mail an Ihre Bank. Benutzen Sie die vier Punkte.**

- Sie ziehen bald um und müssen viel für den Umzug bezahlen.
- Sie brauchen einen Kredit in Höhe von 2000 Euro.
- Sie können den Kredit in drei Jahren zurückzahlen.
- Sie bitten um einen Termin für ein persönliches Gespräch.

15 **Herr Meinold ist 90 Jahre alt und hat noch nie Geld am Automaten abgehoben. Für die Feiertage braucht er aber dringend Geld. Was muss er wann tun? Schreiben Sie einen Zettel für ihn.**

Zuerst müssen Sie ... Dann müssen Sie ... Danach ... Zum Schluss ...

einen Betrag wählen • die PIN/die Geheimzahl eingeben • die Karte einführen • das Geld nicht vergessen! • die Karte zurücknehmen

16 **Mutter und Tochter kochen zusammen und decken den Tisch. Schreiben Sie Dialoge wie im Beispiel.**

Beispiel: eine große Packung – die kleine, die große Schublade/in:
Mutter: Warum nimmst du denn eine große Packung? Du kannst doch die kleine nehmen!
Tochter: Und wo ist die kleine?
Mutter: In der großen Schublade.

1. ein weißes Tischtuch – das rote, der neue Stuhl/auf
2. die gelben Servietten – die braunen, das rote Tischtuch/neben
3. die grünen Gläser – die normalen, die grünen Gläser/hinter
4. der rote Sekt – der weiße, der gelbe Karton/in
5. die tiefen Teller – die flachen, die tiefen Teller/neben

Miteinander leben

Wortschatz

1 Unsere Gesellschaft. Verbinden Sie die Sätze und ordnen Sie das passende Foto zu.

A

B

C

D

1. ☐ Die Studenten protestieren
2. ☐ Ein Politiker sagt seine Meinung
3. ☐ Viele Rentner nutzen ihre freie Zeit
4. ☐ Die Arbeiter streiken

a) , weil sie für höhere Gehälter kämpfen.
b) und engagieren sich ehrenamtlich.
c) , weil sie unzufrieden sind.
d) und dann diskutieren alle.

2 Emotionen. Welches Wort passt zu wem? Ordnen Sie zu.

1. Wir sind vor einem Monat nach Deutschland gekommen und das Land gefällt uns sehr. Wir möchten hier arbeiten, Geld verdienen und später vielleicht ein Haus bauen.

2. Wir sind vor einem Monat nach Deutschland gekommen. Wir fühlen uns hier sehr fremd und denken oft an Zuhause. Wir wollen gern wieder zurück, aber wir müssen zwei Jahre hier bleiben, weil wir einen Arbeitsvertrag unterschrieben haben.

3. Wir sind vor einem Monat nach Deutschland gekommen und können noch kein Deutsch. Alles ist so schwierig und wir fragen uns: Was bringt uns die Zukunft? Finden wir hier Arbeit und Freunde?

a) ☐ Hoffnung b) ☐ Angst c) ☐ Heimweh

3 Studieren im Ausland – warum? Ergänzen Sie den Text.

Angst • Ausland • Erfahrungen • entscheiden • gründen • Heimweh • persönliche • sich lohnen • Weiterbildung • zurück

Viele Schüler und Studenten gehen für ein Jahr ins ____________ 1. Oft ____________ 2 sie sich für eine Stadt in den USA oder in England, weil Englisch für viele Berufe sehr wichtig ist. Sie berichten dann über ihre ____________ 3 und sagen, dass der ____________ 4 Kontakt zu einer anderen Sprache und Kultur sehr interessant ist. Zuerst hat man auch ein wenig ____________ 5 vor dem fremden Land oder man hat ____________ 6. Das ist ganz normal, aber dann lernt man die Menschen besser kennen und manche Studenten wollen gar nicht mehr ____________ 7. Manchmal ____________ 8 sie später sogar eine eigene Firma oder sie finden einen guten Job. Eine Studienreise ins Ausland ____________ ____________ 9 immer, denn man lernt oft mehr als bei einer ____________ 10 im eigenen Land.

4 **Ergänzungen und Ihre Fragen. Schreiben Sie zehn Sätze.**

1. Die junge Studentin fühlt sich in ... *Wo? (Dativ)* fremd.
2. Ich denke, dass ... *Wer? (Nominativ)* Recht hat.
3. Wir sollen ... *Wen? (Akkusativ)* in Ruhe lassen.
4. Hast du Angst vor ... *Vor wem oder was? (Dativ)*?
5. Möchtest du bei ... *Bei wem oder was?(Dativ)* mitmachen?

der Hund • die Stadt • das Kind • der Großvater • die Zukunft • das Land • die Veranstaltung • die Gruppe • die Demonstration • die Politikerin

Die junge Studentin fühlt sich in der Stadt fremd.

Grammatik

5 **War früher alles besser? Opa und Enkel diskutieren. Ergänzen Sie den Komparativ.**

Opa: Ich glaube, die Menschen haben früher (viel) ________ [1] Zeit miteinander verbracht und sie haben (wenig) ________ [2] ferngesehen als heute.

Enkel: Sie haben aber auch (oft) ________ [3] gestritten. Heute sind die Wohnungen (groß) ________ [4] und man kann sich auch mal in Ruhe lassen.

Opa: Die Wohnungen waren vielleicht (klein) ________ [5], aber wir sind oft ausgegangen. Wir waren (aktiv) ________ [6]. Ich bin jede Woche tanzen gegangen. Die Menschen haben früher viel (gern) ________ [7] getanzt als die Jugend von heute.

Enkel: Aber Opa, auch heute geht man tanzen, nur anders. Außerdem ist das Freizeitangebot heute ________ [8] (interessant) als früher.

Opa: Wir hatten gar nicht so viel Zeit. Wir sind (früh) ________ [9] aufgestanden und mussten (lang) ________ [10] arbeiten als ihr heute. Aber heute sind alle (gestresst) ________ [11].

Enkel: Die Arbeit ist auch (kompliziert) ________ [12] und alles muss immer (schnell) ________ [13] gehen.

Opa: Ja, das stimmt. Ich glaube, wir haben körperlich (schwer) ________ [14] gearbeitet als die Jugend von heute, aber ihr müsst (viel) ________ [15] lernen. Aber in vielen Dingen lebt ihr heute auch (frei) ________ [16] als wir.

Enkel: Meinst du? Erzähl doch mal, wie war es, als du Oma ...

Wie geht der Dialog weiter? Schreiben Sie.

6 **„Du kannst das besser!" Was sagt Gregor? Ergänzen Sie wie im Beispiel.**

Gregor möchte, dass seine Familie ihn in Ruhe lässt. Er sagt Sabine, dass sie doch alles besser kann und deshalb lieber selbst mit den Kindern spielen soll.

1. Ich kann nicht so schnell laufen. ______________________
2. Ich kann nicht so hoch springen. ______________________
3. Ich kann nicht so schön malen. ______________________
4. Ich kann nicht so laut pfeifen. ______________________
5. Ich kann nicht so lustig erzählen. ______________________

7 **Unsere neue Wohnung. Was ist anders? Schreiben Sie Sätze wie im Beispiel.**

Beispiel: die Nachbarn, nett ➨ Die Nachbarn sind netter.

die Zimmer, groß und hell • die Küche, modern • die Straße, ruhig • der Flur, lang • der Supermarkt, nah • der Balkon, sonnig • die Fenster, hoch • die Wände, dick

8 **Vergleichen Sie Peter und Petra. Wählen Sie das richtige Adjektiv aus und ergänzen Sie die Texte.**

1. Peter ist ______________ (alt/jung) als Petra, aber sie ist ______________ (groß/klein) als Peter.
2. Die Haare von Peter sind viel ______________ (lang/kurz) als die Haare von Petra.
3. Die Kleidung von Peter ist ______________ (warm/kalt) als die Kleidung von Petra.
4. Denn Petra ist ______________ (krank/gesund) als Peter. Er hat eine Erkältung.
5. Deshalb ist Petra heute auch ______________ (stark/schwach) als Peter und sie kann ______________ (hart/weich) arbeiten als er.

Tipp
Diese Adjektive bekommen im Komparativ einen Umlaut. Lernen Sie sie in Paaren.

9 ***Genauso ..., oder nicht?* Schreiben Sie wie im Beispiel.**

Frau Menzel kauft 500 g Tomaten, ihre Nachbarin kauft ein Pfund Tomaten. Was heißt das?
➨ Das heißt, dass Frau Menzel genauso viele Tomaten kauft wie ihre Nachbarin.

1. Michael hat drei Stunden geschlafen und sein Cousin hat 180 Minuten geschlafen.

____

2. Heute habe ich 2 l Wasser getrunken, gestern habe ich 1,5 l Wasser und 250 ml Saft getrunken.

____

3. Wir haben heute 1 kg Kartoffeln gekocht, gestern waren es 1000 g.

____

4. Für dieses Rezept nehme ich 0,3 kg Butter und meine Schwester nimmt 300 g.

____

5. 100 g Schokolade mit 50 % Kakao hat 537 Kalorien, 100 g Schokolade mit 80 % Kakao hat 592 Kalorien.

____

6. Die Wohnung in der Berliner Straße hat 80 m^2 ohne Balkon, der Balkon ist 5 m^2 groß. Die Wohnung in der Brandenburgischen Straße hat 85 m^2 und keinen Balkon.

____

10 Eine nette Nachbarin. Ergänzen Sie die Personalpronomen im Dativ.

0. Max muss heute lange arbeiten und Frau Stroh kocht *ihm* ein gutes Essen.
1. Rita ist krank und Frau Stroh bringt __________ Medikamente.
2. Der Hund von Rita muss Gassi gehen. Frau Stroh geht mit __________ raus.
3. Die Töchter von Katja haben Probleme in der Schule, Frau Stroh hilft __________.
4. Ich war drei Wochen weg und Frau Stroh gibt __________ meine Briefe.
5. Sie hilft auch __________ gern. Du musst sie nur fragen.
6. Hallo, Max und Rita, habe ich __________ schon erzählt, dass wir Frau Stroh zum Tee eingeladen haben? Wir möchten __________ etwas schenken. Habt ihr eine Idee?

11 Post zu Weihnachten. Wer hat wem was geschickt? Schreiben Sie Sätze.

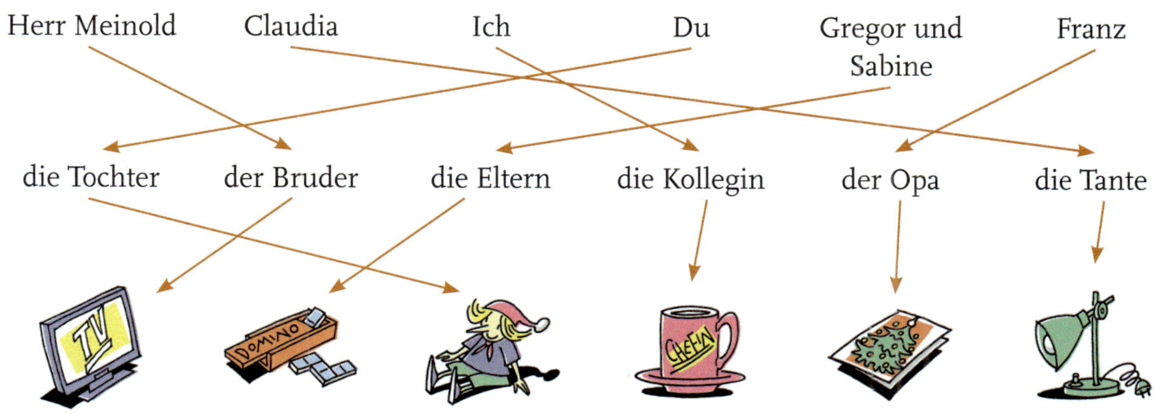

Claudia hat ihrer Tante eine Lampe geschickt.

Lesen

12 Funkhaus Europa – das Radioprogramm für und von Menschen aus vielen Ländern.

Jessica Balogun: Zuerst wollte ich gar nicht boxen!
Funkhaus Europa ist ein Radioprogramm vom WDR und Radio Bremen. Es sendet in Deutsch und 14 weiteren Sprachen und richtet sich mit seinem multikulturellen Programm an Menschen aus über 180 Nationen. Der Sender informiert über Politik, Interessantes aus Kultur und Wissenschaft, Kochen, Kunst und Kultur und natürlich gibt es Musik aus aller Welt. Auch die Frage *Was ist Integration und wie funktioniert sie?* ist immer wieder Thema. Besonders interessant ist hier die Rubrik „Porträt". Sie stellt Menschen aus anderen Ländern vor. Alle sind als Kinder oder auch als Erwachsene nach Deutschland gekommen, einige waren Jahre auf der Flucht. Und sie haben Kraft und Mut gezeigt. Sie haben eine neue Sprache, eine neue Kultur gelernt. Sie alle sind heute in der deutschen Gesellschaft angekommen und machen sie ein kleines Stück reicher: Mit ihrer Arbeit, ihren Ideen, mit ihrem Leben. Zum Beispiel die Profiboxerin Jessica Balogun. Sie ist als Baby mit ihrer Mutter aus Nigeria nach Deutschland gekommen. Als sie 15 war, hat sie mit dem Boxtraining begonnen und ist heute, mit 22, Weltmeisterin in ihrer Gewichtsklasse. Die nur 1,60 m kleine Frau findet es lustig, wie die Menschen auf ihren Beruf reagieren. Boxen und Frauen – das passt für viele noch immer nicht zusammen. Jessica trainiert zweimal am Tag, aber in ihrer Freizeit geht sie wie viele junge Frauen am liebsten mit ihren Freundinnen aus. Die gelernte Kauffrau lebt seit 2003 in Aachen und ist mit ihrem Leben sehr zufrieden, aber sie hat einen großen Wunsch: Sie hofft, dass man auch ihre Kämpfe bald im Fernsehen sehen kann!

Was sagt der Text? Kreuzen Sie die richtige Aussage an.

1. a) ☐ Funkhaus Europa ist ein deutscher Sender. Aber es gibt Programme in Deutsch und Englisch.
   b) ☐ Funkhaus Europa informiert seine Hörer und Hörerinnen auf Deutsch und in anderen Sprachen.
2. a) ☐ In allen Sendungen spricht man über das Thema „Integration".
   b) ☐ Das Thema „Integration" ist eines von vielen Themen.
3. a) ☐ Die Rubrik „Porträt" erzählt von Menschen in Deutschland.
   b) ☐ Die Rubrik „Porträt" erzählt von erfolgreichen Firmen und Geschäften.
4. a) ☐ Jessica ist in Nigeria geboren und lebt in Aachen.
   b) ☐ Jessica ist in Aachen geboren und lebt in Nigeria.
5. a) ☐ Sie verdient ihr Geld als Boxerin.
   b) ☐ Sie verdient ihr Geld als Kauffrau.
6. a) ☐ Viele Menschen finden es komisch, dass eine Frau boxt.
   b) ☐ Alle finden es toll, dass eine Frau boxt.
7. a) ☐ Alle Weltmeister-Kämpfe von Jessica kann man im Fernsehen sehen.
   b) ☐ Man kann die Kämpfe von Jessica noch nicht im Fernsehen sehen.

Kommunikation

13 **Jessica Balogun. Erzählen Sie einem Freund / einer Freundin von der Boxerin.**
a) Lesen Sie die Stichpunkte und machen Sie sich Notizen.

- Name / Alter / Größe?
- Nationalität? / Wo lebt sie?
- Ausbildung?
- Seit wann trainiert sie? / Erfolg?
- Freizeit?
- Wunsch?

b) Lesen Sie Ihre Notizen und dann erzählen Sie.
Üben Sie vor dem Spiegel.

14 **Besser oder schlechter? Wählen Sie eine Person aus ihrem Leben (Großeltern; Vater/Mutter; Freund/in aus Ihrem Heimatland / ...) und vergleichen Sie. Schreiben Sie einen Text.**

Land / Stadt	groß / klein, schön, heiß / kalt
Schlaf	lang, viel,
Arbeit	interessant / langweilig, leicht / schwer
Freizeit / Sport	lustig
Freunde	

Meine ... lebt in ... Das Land ist viel größer als ... Sie schläft weniger/ mehr als ich, denn sie ist ...

15 **Bieten und suchen. Sie ziehen um. Sie haben ein neues, großes Bett gekauft. Jetzt möchten Sie Ihr altes, kleines Bett für 200 Euro verkaufen. Für das Geld suchen Sie einen Tisch für die Küche. Füllen Sie die Zettel aus.**

Kunden-Service **BIETE AN**

Straße: Ort:
Name: Telefon:
Datum: (Bitte schreiben Sie das Ausstellungsdatum auf die Karte. Karten ohne Datum werden aussortiert – Aushangzeit 14 Tage –)

Kunden-Service **SUCHE**

Straße: Ort:
Name: Telefon:
Datum: (Bitte schreiben Sie das Ausstellungsdatum auf die Karte. Karten ohne Datum werden aussortiert – Aushangzeit 14 Tage –)

Sport

Wortschatz

1 Mein Neffe ist Fußballfan.

a) Ergänzen Sie den Text mit den passenden Wörtern.

alt • begeistert • fleißig • gespannt • großer • oft • regelmäßig • stolz • traurig • unbedingt

Mein Neffe Jonathan ist 12 Jahre ____________[1] und er liebt Fußball. Er lebt in München, aber er ist ein ____________[2] Fan von Werder Bremen. Er sieht sich fast alle Spiele im Fernsehen an und ist ____________[3], wenn seine Mannschaft gewinnt und ____________[4], wenn sie verliert. Aber er spielt auch selbst Fußball: Er ist Stürmer in der D-Jugend-Mannschaft vom FC Schwabing 56 e.V. Er geht ____________[5] zum Training und übt ____________[6]. Auch seine Eltern verbringen fast jedes Wochenende auf dem Sportplatz. Denn sie sehen bei allen Spielen ____________[7] zu und freuen sich, wenn Jonathan ein Tor schießt. Das passiert ____________[8], denn Jonathan will ____________[9] gewinnen und kämpft auf dem Platz um jeden Ball. Sein Trainer ist sehr ____________[10] auf ihn!

b) Legen Sie einen Zettel auf Aufgabe a). Schreiben Sie den Text in Ihr Heft und ergänzen Sie die fehlenden Nomen.

Mein ... Jonathan ist 12 Jahre alt und er liebt ... Er lebt in München, aber er ist ein großer ... von Werder Bremen. Er sieht sich fast alle ... im Fernsehen an und ist begeistert, wenn seine ... gewinnt und traurig, wenn sie verliert. Aber er spielt auch selbst Fußball: Er ist Stürmer in der D-...-Mannschaft vom FC Schwabing. Er geht regelmäßig zum ... und übt fleißig. Auch seine ...verbringen fast jedes ... auf dem ... Denn sie sehen bei allen ... gespannt zu und freuen sich, wenn Jonathan ein ... schießt. Das passiert oft, denn Jonathan will unbedingt gewinnen und kämpft auf dem ... um jeden ... Sein ... ist sehr stolz auf ihn!

c) Legen Sie einen Zettel auf Aufgabe a) und b). Schreiben Sie den Text in Ihr Heft und ergänzen Sie die fehlenden Verben.

Mein Neffe Jonathan ... 12 Jahre alt und er ... Fußball. Er ... in München, aber er ist ein großer Fan von Werder Bremen. Er ... sich fast alle Spiele im Fernsehen ... und ist begeistert, wenn seine Mannschaft ... und traurig, wenn sie ... Aber er ... auch selbst Fußball: Er ist Stürmer in der D-Jugend-Mannschaft vom FC Schwabing. Er ... regelmäßig zum Training und ... fleißig. Auch seine Eltern ... fast jedes Wochenende auf dem Sportplatz. Denn sie ... bei allen Spielen gespannt ... und ... sich, wenn Jonathan ein Tor ... Das ... oft, denn Jonathan ... unbedingt gewinnen und ... auf dem Platz um jeden Ball. Sein Trainer ... sehr stolz auf ihn!

2 Ein Unfall. Ordnen Sie die Sätze und schreiben Sie die Geschichte.

1. hoch springen – umknicken – nicht mehr laufen können ☐
2. gestern – Tochter – Unfall haben ☐
3. ins Krankenhaus fahren – mit meiner Tochter ☐
4. Aber Glück haben – Fuß nicht gebrochen ☐
5. vor dem Haus – mit einem Freund – Basketball spielen ☐

Gestern hatte meine Tochter einen ...

3 Was kann man mit einem Rekord machen? Schreiben Sie Sätze aus den Verbindungen.

einen / den neuen Rekord →
- aufstellen
- laufen
- schaffen
- melden
- stolz sein auf + Akk
- sich erinnern an + Akk.
- hoffen auf + Akk.
- kämpfen für + Akk.

Usain Boilt hat einen neuen Rekord im 100 Meter-Lauf aufgestellt.

4 Gesund leben: *regelmäßig/immer – oft/täglich – selten – nie*. Schreiben Sie den Text weiter, benutzen Sie die Ergänzungen.

Sport machen • spazieren gehen • gesund essen • rauchen • früh schlafen gehen • Alkohol trinken

Ich lebe (nicht) gesund, denn ich mache regelmäßig Sport und gehe oft ...

Grammatik

5 Zusammen lernen: *schnell – schneller – am schnellsten*. Schreiben Sie wie im Beispiel.

Beispiel: schreiben – schnell ➨ Hanna schreibt schnell, Maria schreibt schneller, Lisa schreibt am schnellsten.

sprechen – gut	1. Platz: Hanna, 2. Platz: Lisa, 3. Platz: Maria
lesen – laut	1. Platz: Lisa, 2. Platz: Hanna, 3. Platz: Maria
erzählen – interessant	1. Platz: Maria, 2. Platz: Hanna, 3. Platz: Lisa
verstehen – viel	1. Platz: Hanna, 2. Platz: Maria, 3. Platz: Lisa
lernen – gern	1. Platz: Hanna, 2. Platz: Lisa, 3. Platz: Maria

Sport

6 Rekorde. Ergänzen Sie zuerst die Frage mit dem Superlativ. Lesen Sie dann die Texte und schreiben Sie Antworten.

0. Welcher Skilift ist _am längsten_ (lang)?
   Die Gondelbahn in Grindelwald ist am längsten.
1. Welches Restaurant ist ____________ (groß)?
   ____
   ____
2. Welche Wintersportlerin hat ____________ (viel) WM-Titel?
   ____
   ____
3. Welcher Vogel ist ____________ (schnell)?
   ____
4. Wer ist ____________ (weit) geflogen?
   ____

Das Restaurant Bawabet Dimashq in Damaskus (SYR) hat 6.014 Sitze und beschäftigt in der Hauptsaison bis zu 1.800 Mitarbeiter.

In Grindelwald in der Schweiz gibt es eine 6.239 m lange Gondelbahn. Die Bergstation liegt in 2.219 m Höhe.

Man hat mit einem Peilsender gemessen, dass ein Graukopf-Albatros über acht Stunden lang in einer Geschwindigkeit von 127 km/h zurück zu seinem Nest geflogen ist.

Christl Cranz (D) hat von 1935 bis 1939 im alpinen Skilauf insgesamt zwölf WM-Titel erkämpft. Cranz gewann auch bei den Olympischen Winterspielen 1936 in Garmisch-Partenkirchen.

Der Skispringer Andreas Goldberger (A) ist am 18. März 2000 auf der Skiflugschanze von Planica (SLO) 225 m weit geflogen.

aus: /www.guinnessworldrecords.de

7 Ein Tanzwettbewerb. Wer sind die Besten? Ergänzen Sie den Dialog.

- Tina ist die _eleganteste_ (elegant) Tänzerin, weil sie das ____________ [1] (schön) Kleid hat.
- Findest du? Ich glaube, Tom hat die ____________ [2] (perfekt) Technik. Er ist der ____________ [3] (schnell) Tänzer.
- Aber Klaus und Rosa haben die ____________ [4] (gut) Haltung. Ich gebe ihnen die ____________ [5] (hoch) Punktzahl.

8 Fußballquiz. Was passt zusammen? Verbinden sie und schreiben Sie Sätze mit *wenn*.

1. In einem Endspiel steht es nach 90 Minuten 0:0.
2. Ein Spieler spielt sehr aggressiv.
3. Auf dem Platz liegt Schnee.
4. Der Schiedrichter pfeift.
5. Ein Spieler ist verletzt.

a) Der Ball ist rot.
b) Das Spiel beginnt.
c) Der Schiedsrichter unterbricht das Spiel.
d) Es gibt eine Verlängerung.
e) Der Schiedsrichter zeigt ihm die rote Karte.

Wenn es in einem Endspiel nach 90 Minuten 0:0 steht, (dann) ...

9 Eine Diskussion: Wann spricht man gut Deutsch? Schreiben Sie Sätze mit *wenn*.

Du kannst alles sagen

Wenn du alles sagen kannst, (dann) kannst du gut Deutsch.

1. Alle verstehen dich.

2. Du hast alle Prüfungen geschafft.

3. Du machst fast keine Fehler mehr.

4. Du verstehst die Nachrichten im Fernsehen.

5. Du kannst Romane lesen.

Und was denken Sie?

10 Wiederholung: Pronomen. Ergänzen Sie die Dialoge.

1\. 

- Ich habe hier ein ganz tolles Buch, willst du _es_ auch mal lesen?
- Ja gern. Und wir haben letzte Woche im Kurs einen interessanten Film gesehen, ich kann ______ dir zeigen.

2\. 

- Mein Name ist Schmidt, erinnern Sie sich an ______?
- Kannst du bitte lauter sprechen? Ich höre ______ sehr schlecht!

3\. 

- Suchst du das Tischtuch? Hier liegt ______; und die Gläser stehen im Schrank. Du sieht ______, wenn du ______ aufmachst.

4\. 

- Die Kleinen sind so süß! Alle mögen ______ sehr.

Lesen

11 Herzkrank und sportlich? Lesen Sie den Text. Wo finden Sie die Aussagen 1–6?

	Zeilen
1. Früher mussten die Menschen nach einem Infarkt lange im Bett bleiben.	______
2. Die meisten Patienten sind nach einem Infarkt ängstlich und schwach.	______
3. Mit Bewegung kann man ihre Gesundheit fördern.	______
4. Ein Arzt/eine Ärztin muss das Training begleiten.	______
5. Das Training darf nicht zu anstrengend sein und es muss regelmäßig stattfinden.	______
6. Diese Therapie hat schon vielen Menschen mit Herzproblemen geholfen.	______

Herzpatienten brauchen Bewegung

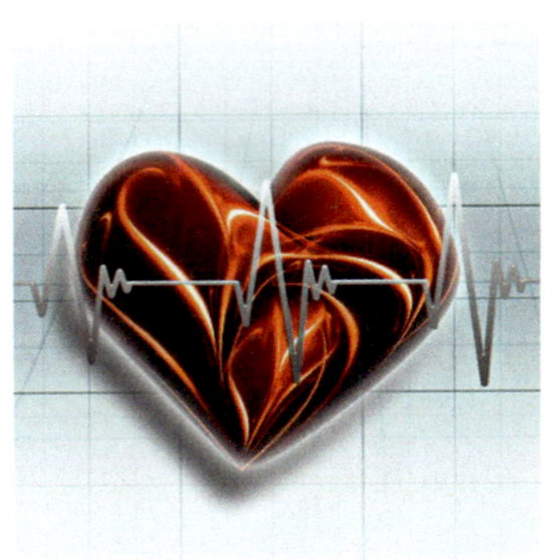

Noch vor wenigen Jahren hat man Herzinfarktpatienen absolute Ruhe verordnet. Heute weiß man, dass körperliche Aktivität ein wichtiger Teil bei der Therapie von Herz-Kreislauf-Erkrankungen ist.
Denn wenn der Mensch nach seinem Infarkt lange im Bett bleibt, schadet dies den Muskeln. Typisch nach einer Herzattacke sind auch Unsicherheit, Angst, Depressionen und eine allgemeine körperliche Schwäche. Regelmäßige Bewegung hilft bei der Stabilisierung der Herz-Kreislauf-Funktionen und wirkt auch positiv auf die Psyche. Das Training gibt den Patienten Kraft, Ausdauer und Lebensmut zurück.

Der Diplom Sportlehrer und Kardiologe Dr. Hansi Müllerfeld zeigt in einer Studie, dass auch bei Patienten mit dauerhafter Herzschwäche körperliches Training möglich und sinnvoll ist. Aber es muss regelmäßig stattfinden und man muss die Herzfrequenz überwachen. Sie darf auf keinen Fall zu hoch sein, aber wenn sie zu niedrig ist, hat das Training keine Wirkung. „Am besten sind alltägliche Bewegungseinheiten – Treppensteigen, Fahrradfahren, Wandern oder einfach Spazierengehen. Das aber mindestens für eine halbe Stunde jeden Tag. Der Erfolg ist deutlich."

12 Ein Sport-Gedicht. Was passt? Kreuzen Sie an.

Gewinne ich den ersten Preis?
Ich habe hart trainiert!
Hat sich gelohnt mein ganzer Fleiß?
Bin ich die Beste im Turnier?

Natürlich hoff' ich auf den Sieg!
Das muss man unbedingt!
Wer besser tanzt, wer höher springt –
Für sie der Preis dort liegt!

1. Wer spricht?
   a) ☐ ein Sportler
   b) ☐ eine Sportlerin

2. Welche Sportart?
   a) ☐ Volleyball
   b) ☐ Fußball
   c) ☐ Gymnastik

3. Die Person
   a) ☐ glaubt, dass sie keine Chance hat.
   b) ☐ hofft auf den Sieg.

Schreiben Sie ein eigenes Sport-Gedicht.

Kommunikation

13 **Sie sind Fußballfan und sehen sich mit Freunden ein wichtiges Spiel im Fernsehen an. Was sagen Sie, wenn es gut (A) oder wenn es schlecht (B) für ihre Mannschaft läuft? Ordnen Sie zu.**

1. ☐ Tor! Tor!
2. ☐ Ich glaube nicht, dass sie das noch schaffen.
3. ☐ Sie spielen super, einfach besser als die anderen!
4. ☐ Oh nein, was machen die denn da?!
5. ☐ Ach, eigentlich interessiert mich das Spiel nicht besonders.
6. ☐ Oh – das ist ja schrecklich!
7. ☐ Jaaa! Weiter so!
8. ☐ Ich kann nicht länger zusehen, sie haben keine Chance mehr.

14 **Was sagt ...? Wählen Sie zwei Personen aus und schreiben Sie, was er/sie sagt. Üben Sie die Rolle vor dem Spiegel.**

Ivo:
- trainiert täglich
- Gymnastik machen, joggen, im Sommer schwimmen

Pavel:
- 2 x pro Woche Fitnessstudio
- viel Radfahren

Maria:
- geht manchmal tanzen / Spaß
- keine Lust auf Sportkurse
- geht lieber lange spazieren

Dimitri:
- hasst Sport
- schon in der Schule schlecht
- Fußball lieber im Fernsehen
- Sport ist Mord.

Mir ist Sport wichtig. Ich ...

15 **Was ist Sport für Sie persönlich? Lesen Sie und unterstreichen Sie für Sie wichtige Begriffe. Ergänzen Sie weitere Stichwörter.**

eine gute Figur, Spannung, Geld, Freizeit, internationale Treffen, Olympische Spiele, langes Leben, Begeisterung, neue Perspektiven für die Jugend, Fitnessstudio, aggressive Fußballfans, ...

16 **Wer – was – wann – wo – wie? Schreiben Sie einen Bericht.**

Erich Stroh, 73 – am 08.09. – vom Apfelbaum gefallen – Bein gebrochen und am Kopf verletzt – ins Krankenhaus gebracht – 3 Wochen im Krankenhaus – jetzt noch 2 Monate zu Hause bleiben – langsam besser gehen

Fit im Alltag 2

Die neue Wohnung

1 Wir renovieren und brauchen ...

a) Lesen Sie die Liste und ordnen Sie die Sachen aus dem Baumarkt zu.

1. die Decken streichen:
2. die Wände tapezieren:
3. die Regale anbringen:
4. den neuen Schrank zusammenbauen:
5. Bilder aufhängen:

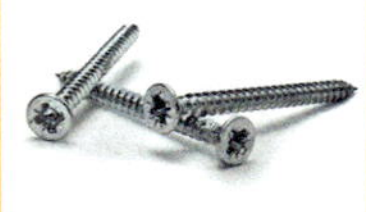
Schrauben 200 Stück **€ 3,15**

Nägel 120 Stück **€ 2,29**

Universal-Dübel 100 Stück **€ 2,11**

Hammer **€ 5,50**

Farbroller 18 cm **€ 3,47**

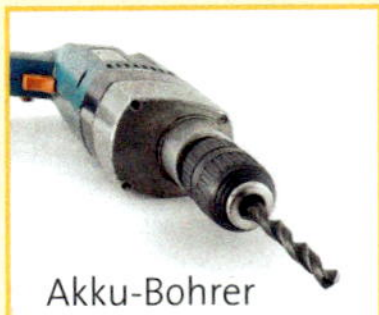
Akku-Bohrer **€ 99**

Tapete Rolle **€ 7,99**

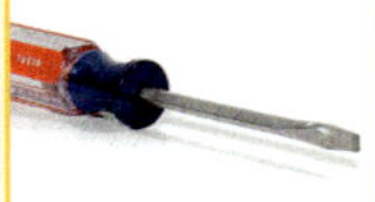
Schraubenzieher **€ 7,99**

Kleister-set **€ 4,99**

b) Im Baumarkt. Spielen Sie den Dialog.

Kunde/Kundin
nach Hilfe fragen
Dübel und Schrauben?
Akku-Bohrer/Preis?
Tapete für Wohnzimmer
(24 m²/wie viele Rollen?)
muss ich ausmessen/danke

Verkäufer/in
gern/was brauchen?
6er Dübel im Angebot
der Kleine für 99 Euro,
der Große 149 Euro
ca. 5–6 Rollen, hängt von Höhe ab

2 Die Nebenkostenabrechnung. Lesen Sie und beantworten Sie die Fragen.

1. Wie hoch sind die Betriebskosten von Frau Dunkel für das Jahr 2010?
2. Wie viel hat Frau Dunkel schon bezahlt?
3. Bekommt Frau Dunkel Geld zurück oder muss sie noch etwas bezahlen? Wie viel?

Umlagezeitraum: 01.12.2009 - 30.11.2010 (360 Tage)

Betriebskosten

Kostenkonto	Gesamt-Kosten	Gesamt-Verteiler	Wohnungsverteiler	Abr. Tage	Nutzungs Dauer	ihr Anteil
Grundsteuer	2265,56	622,87	63,33 m² Wohnfläche	360	360	230,35
Be- und Entwässerung	5261,34	622,87	63,33 m² Wohnfläche	360	360	534,94
Straßenreinigung/Müllabfuhr	1238,44	622,87	63,33 m² Wohnfläche	360	360	125,92
Hausbeleuchtung	402,12	622,87	63,33 m² Wohnfläche	360	360	40,89
Hausreinigung	263,59	622,87	63,33 m² Wohnfläche	360	360	26,80
Ungezieferbekämpfung	171,17	622,87	63,33 m² Wohnfläche	360	360	17,40
Gartenpflege	636,49	622,87	63,33 m² Wohnfläche	360	360	64,71
Hauswartkosten	1331,00	622,87	63,33 m² Wohnfläche	360	360	135,33
Sach- und Haftpflichtversich	1825,76	622,87	63,33 m² Wohnfläche	360	360	185,63
Kabel-TV-Gebühren	1541,10	10,00	1,00 Kabelanschluß	360	360	154,11
Summe Betriebskosten	14936,57					1516,08
			Gezahlt			1464,00
			Differenz			**-52,08**

Alles mit Karte?

3 Was kann man mit welcher Karte machen? Fragen und antworten Sie.

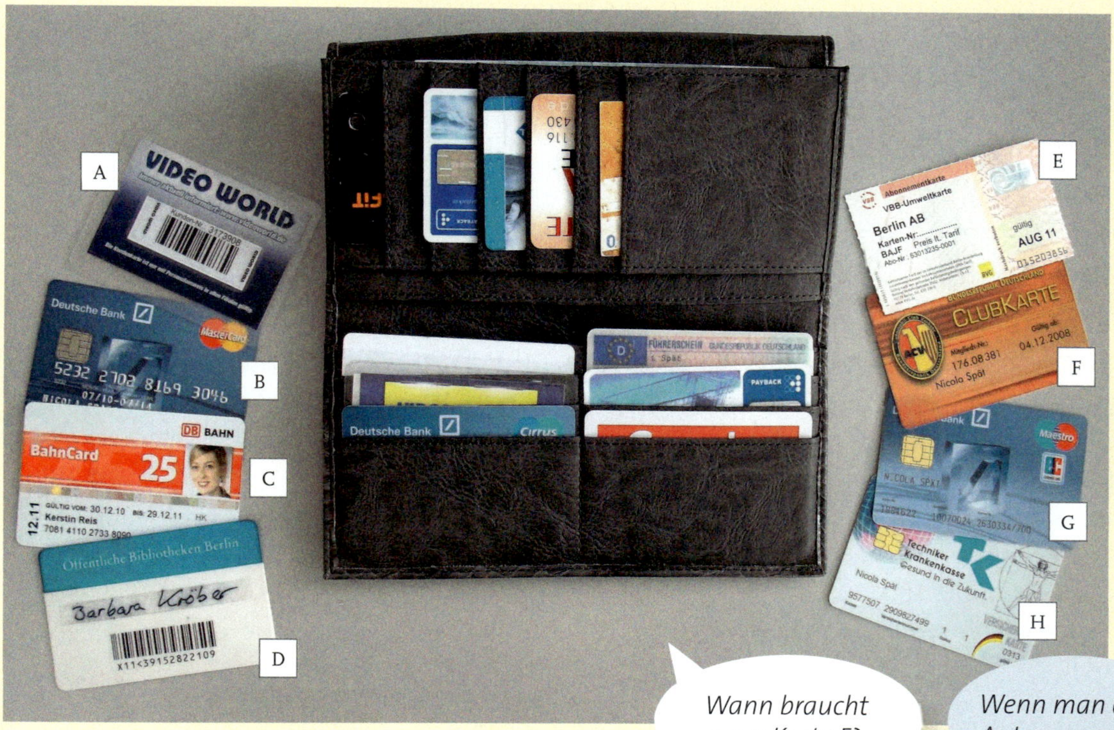

Wann braucht man Karte F?

Wenn man eine Autopanne hat.

4 Versicherungen. Lesen Sie und ordnen Sie die richtige Versicherung zu.

Arbeitslosenversicherung • Haftpflichtversicherung • Hausratversicherung • Kfz-Versicherung • Krankenversicherung • Unfallversicherung • Rentenversicherung

1. Maria hat Pech gehabt: Ihre Waschmaschine ist ausgelaufen und sie hat es nicht bemerkt. Jetzt ist die Wand feucht und man muss die ganze Küche renovieren. Zum Glück wollte ihr Vermieter, dass sie eine ______________________ abschließt.

2. In Deutschland haben alle Arbeitnehmer eine ______________________, die viele Behandlungskosten übernimmt und den Lohn für sechs Wochen weiterzahlt, auch wenn man mal länger krank ist. Die ______________________ hat man, damit man ein Jahr Geld bekommt, wenn man seine Arbeit verliert. Auch die Beiträge für die ______________________ teilen sich Arbeitnehmer und Arbeitgeber.

3. Susanne erzählt: „Paul hat gestern beim Fußballspielen ein Fenster kaputt gemacht. Unser Nachbar, Herr Knötig, beschwert sich eh immer über ihn. Jetzt hat er auch einen Grund. Zum Glück zahlt meine ______________________ den Schaden. Ich muss jetzt aber unbedingt die Schadensmeldung abschicken!"

Medien im Alltag

Wortschatz

1 **Vater und Sohn – wie beginnt ihr Tag? Vergleichen Sie die Bilder und die Texte. In jedem Text sind drei Fehler versteckt. Finden Sie sie und korrigieren Sie die Texte.**

Willy hat feste Gewohnheiten. Er steht spät auf und macht etwas Sport. Danach frühstückt er ganz gemütlich, trinkt eine Tasse Kaffee und liest ein Buch. Er hat einen Fernseher, aber keinen Computer, denn er findet das Leben ohne Internet angenehmer. Er sagt: „Immer alle Informationen auf einen Klick – das ist mir zu viel."

Michael steht auf, isst schnell einen Toast und kocht Kaffee. Wenn der Kaffee fertig ist, schaltet er seine Kamera ein. Er checkt seine E-Mails, surft ein wenig im Fernseher und chattet kurz auf Facebook. Dann geht er aus dem Haus, natürlich mit seinem Handy. Er ist Journalist und auch unterwegs ist er immer online.

2 1) **Welches Wort passt? Ergänzen Sie die Texte. Die Wörter unten helfen.**

Ich suche eine DVD und möchte sie im Internet ____________ 1. Dort ist das Angebot riesig und ich ____________ 2 die Preise auf verschiedenen ____________ 3. Dann gehe ich wieder auf meine Lieblingsseite, gebe meine ____________ 4 und mein ____________ 5 ein und suche die DVD. Ich bezahle auch gleich online und in etwa drei Tagen bringt uns der ____________ 6 das Päckchen mit der DVD.

2) **PC-Nothilfe**

„Computer ____________ 7? Kaffee auf die ____________ 8 gegossen? Der Computer ist an, aber der ____________ 9 bleibt dunkel? Dann rufen Sie uns an! Unsere Computer-Soforthilfe ist Tag und Nacht für Sie da!"

3) **Unser Programm heute Abend**

Gleich nach den ____________ 10 sehen Sie bei uns einen spannenden ____________ 11 mit den beliebten ____________ 12 Jan Josef Liefers und Axel Prahl. Danach bringen wir eine ____________ 13 über die Tierwelt in Nordamerika.

abgestürzt • bestellen • Bildschirm • Bote • Dokumentation • E-Mail-Adresse • Krimi • Nachrichten • Passwort • Schauspielern • Seiten • Tastatur • vergleiche

3 **Was passt nicht in die Reihe? Markieren Sie.**

1. den Alltag	vergessen – löschen – erobern – leben
2. einen Film	empfehlen – runterladen – ansehen – blättern
3. das Passwort	surfen – eingeben – vergessen – speichern
4. die E-Mail	lesen – klicken – löschen – senden
5. im Internet	surfen – suchen – fahren – bestellen
6. den Text	speichern – nutzen – mitnehmen – essen
7. die Gebrauchsanweisung	tauschen – verlieren – verstehen – mitnehmen
8. das Postfach	bestellen – öffnen – chatten – checken

4 **Notieren Sie so viele Kombinationen wie möglich aus den Adjektiven und Nomen.**

Beispiel: ein Gerät, modern ➨ ein modernes Gerät

eine Dokumentation	angenehm
ein Gespräch	spannend
ein Computer	neu
die Gewohnheit	alt
	privat

5 **Im Internetcafe. Schreiben Sie eine kurze Geschichte über Karin.**

jeden Morgen – ins Internetcafe – gehen
ihr Postfach – öffnen, E-Mails checken, Werbenachrichten löschen
ihr Freund – Nachrichten von ihr – warten auf
mit der Maus klicken – auf „Skype"
das Gespräch – mit ihm – lange dauern
deshalb – oft – zu spät – zur Arbeit kommen

Grammatik

6 **Lina hat einen neuen Freund. Er ist ein Technik-Fan. Sie sieht sein Arbeitszimmer und fragt ihn, wofür er so viele verschiedene Geräte braucht. Antworten Sie mit *damit*.**

Beispiel: Warum brauchst du einen so großen Bildschirm?
(die Schauspieler, genau sehen, können)
➨ Damit ich die Schauspieler genau sehen kann.

1. Warum hast du drei Computer? (gleichzeitig spielen, arbeiten und Musik hören, können)
2. Warum hast du die Computer mit einem Kabel verbunden? (mit meinen Freunden, spielen, zusammen, können).
3. Warum stehen so viele DVDs in deinem Wohnzimmer? (das langweilige Fernsehprogramm, nicht sehen, müssen)
4. Warum gibt es einen Zug in deiner Wohnung? (der Kaffee aus der Küche, kommen können)
5. Warum liegt auf deinem Tisch ein Mikrofon? (wir, zusammen singen, können)

Medien im Alltag

7 **Ines Eltern sind nach Berlin gezogen. Ines hat für sie eine Wohnung gemietet und eingerichtet. Ordnen Sie zu und schreiben Sie Antworten wie im Beispiel.**

a) zu Hause großes Kino haben
b) dort die Wäsche gleich aufhängen können
c) zum Telefonieren nicht aufstehen müssen
d) nicht so viele Treppen steigen müssen
e) Wasser sparen
f) Im Sommer grillen können

1. Warum hast du eine Wohnung in einem Haus mit Fahrstuhl gemietet? ☐
2. Warum hast du die Waschmaschine ins Bad gestellt? ☐
3. Warum hast du eine Wohnung mit Balkon genommen? ☐
4. Warum haben wir ein Telefon im Schlafzimmer? ☐
5. Warum hast du für uns einen Geschirrspüler gekauft? ☐
6. Warum hast du für uns einen so großen Fernseher bestellt? ☐

1d: Damit ihr nicht so viele Treppen steigen müsst.

8 **Multitasking. Was geht gleichzeitig? Schreiben Sie Sätze mit *man*.**

Beispiel: Einkaufen telefonieren. ➨ Man kann beim Einkaufen telefonieren.

Bügeln	fernsehen
Telefonieren	E-Mails checken
Internetsurfen	essen
Joggen	Musik hören
Fernsehen	lernen
Essen	chatten

9 **Machen Sie aus Verben Nomen und ergänzen Sie die Sätze.**

kochen • lesen • mitnehmen • runterladen • schreiben • sprechen

1. In der Grunwald-Schule haben meine Eltern schon ___Lesen___ und ______________ gelernt, dann ich, und jetzt gehen auch meine Kinder hier zur Schule.
2. Beim ______________ probiere ich gern neue Rezepte aus.
3. Die kleine Alina kann schon gut laufen, aber das ______________ ist noch ein Problem für sie.
4. Das ______________ von Filmen aus dem Internet dauert schrecklich lange.
5. Toll, dass du auch ins Stadtzentrum musst, danke für das ______________ im Auto.

10 ***Welcher, welche, welches.*** **Welche Endung? Ergänzen Sie.**

A
1. Welch___ Computer soll ich nehmen?
2. Welch___ Film sehen wir uns heute an?
3. Welch___ Buch können Sie mir empfehlen?
4. Welch___ Wein probieren wir?
5. Welch___ Bus fährt hier?
6. Welch___ Sendung magst du?

Tipp
Endung wie beim bestimmten Artikel! Überlegen Sie: der das die? *Nominativ (*Wer? *oder* Was für ein?*), Akkusativ (*Wen? *oder* Was für einen?*) oder Dativ (*Wo?/ Mit ...*)?*

B 1. Auf welch___ Sender läuft jetzt das Spiel?
2. In welch___ Laden kaufst du die Blumen?
3. Mit welch___ Schauspielerin spielt der Star am liebsten zusammen?
4. In welch___ Magazin hast du das gesehen?
5. Mit welch___ Freunden trifft sich Max heute?

Lesen

11 Oliver hat ein besonderes Hobby: alte Filme. Er schreibt in seinem Blog.

„Auch wenn viele sagen, dass ich altmodisch bin, bleibe ich dabei: Ich mag alte Filme! Vielleicht denkt ihr an Filme aus den 80er und 90er Jahren, aber ich meine 50 und sogar 60 Jahre alte Filme. Für mich sind diese Filme wie Freunde: Ich komme abends nach Hause, schalte meinen DVD-Player ein und starte einen Film. Dann höre ich die bekannte Musik und sehe die Gesichter von den alten Stars: z. B. Heinz Rühmann, Heinz Erhardt, Marlene Dietrich, aber auch Heidi Kabel und Henri Vahl. Ich höre ihre Stimmen und fühle mich wie in der alten Zeit, in ihrer Zeit. Dann kann ich alle aktuellen Probleme vergessen. Ich hoffe, ihr könnt mein Hobby jetzt ein wenig besser verstehen. Und wenn nicht – ist das nicht schlimm. ☺“

Heinz Rühmann

Marlene Dietrich

Heinz Erhardt

a) Was ist richtig? Kreuzen Sie an.

1. Was sagen viele über Oliver?
   a) ☐ dass ihm neue Filme gefallen
   b) ☐ dass er nicht mit der Zeit geht

2. Welche Filme mag er?
   a) ☐ Filme aus den 80er und 90er Jahren.
   b) ☐ Filme aus den 40er, 50er und 60er Jahren.

3. Warum mag Oliver alte Filme?
   a) ☐ Das ist für ihn wie eine Zeitreise.
   b) ☐ Er mag die moderne Realität nicht.

4. Was bedeuten alte Filme für Oliver?
   a) ☐ Sie erinnern ihn an seine Familie.
   b) ☐ Mit ihnen verbringt er seinen Feierabend.

b) Welche Schauspieler nennt Oliver nicht? Unterstreichen Sie.

Heinz Rühmann, Heinz Erhardt, Dietmar Schönherr, Henry Vahl, Wolfgang Völz.

c) Welche Schauspielerinnen nennt Oliver nicht? Unterstreichen Sie.

Hertha Feiler, Marlene Dietrich, Lieselotte Pulver

+ Finden Sie die neuen Namen im Internet und notieren Sie: Geburtsdatum und drei Filme.

Medien im Alltag

12 **Lesen Sie die Texte. Orden Sie die richtige Fernsehsendung zu.**

1. Talkshow • 2. Nachrichten • 3. Quiz • 4. Dokumentation

A *Ja, ich engagiere mich für das Projekt. Ich will nicht nur Schauspielerin sein, ich will auch etwas Gutes tun.*

____

B *Ein Tier aus Afrika, es beginnt mit einem L und man nennt es auch den „König der Tiere". Na, schon eine Idee?*

____

C *Heute kommt der französische Präsident zu einem dreitägigen Staatsbesuch nach Berlin.*

____

13 **Sicherheit im Internet. Lesen Sie den Text und bearbeiten Sie die Aufgaben.**

Welche Gefahren warten auf Sie im Internet?

Sie surfen im Internet, besuchen Freunde im Chat oder kaufen online ein? So können auch sehr unbeliebte Gäste auf Ihren Computer kommen: Viren! Dann kann es passieren, dass Ihre Programme nicht mehr funktionieren oder dass sogar das Gerät selbst nicht mehr startet. Damit Sie sich über so etwas nicht ärgern müssen, können Sie selbst aktiv etwas tun und auf die Sicherheit achten. Das ist nicht schwer, wenn man es regelmäßig macht und sich immer aktuell informiert. Das ist etwas Arbeit, aber es lohnt sich! Das Bundesamt für Sicherheit in der Informationstechnik (BSI) gibt auf seiner Website Informationen für Internetnutzer, damit auch auch Hobby-Computerfans wissen, was sie tun können und müssen. Das sind die drei wichtigsten Punkte:

1. Installieren Sie ein gutes Virenschutzprogramm und aktualisieren Sie es regelmäßig.
2. Wechseln Sie regelmäßig Ihre Passwörter.
3. Vorsicht beim Öffnen von E-Mails! Achten Sie auf den Absender und öffnen Sie keine Anhänge, wenn Sie den Absender nicht kennen.

Besuchen Sie die BSI-Website im Internet, damit Sie immer gut informiert sind!

Aufgaben zum Text:

1. *Welcher Titel passt **am besten** zum Text?*

a) ☐ Vorsicht beim Surfen im Internet! b) ☐ Computersicherheit macht viel Arbeit.
c) ☐ BSI informiert über Gefahren im Internet.

2. *Steht das so im Text?*

	ja	nein
1. Viren gibt es nicht nur im Internet.	☐	☐
2. Ein Virus kann Programme zerstören.	☐	☐
3. Man braucht einen Fachmann/eine Fachfrau.	☐	☐
4. Die Anti-Virus-Software muss immer aktuell sein.	☐	☐
5. Das BSI gibt Ihnen aktuelle Informationen zum Thema.	☐	☐

3. *Unterstreichen Sie die englischen Wörter im Text und lesen Sie sie laut.*

Kommunikation

14 Was sehen wir uns heute Abend an? Schreiben Sie den Dialog weiter.

ARD

20:00 **Tagesschau**
20:15 **Die Feuerzangebowle**
1944
R.: Helmut Weiss, mit Heinz Rühmann
21:50 **Aspekte**

VOX

20:00 **Prominent**
20:15 **Die Ameise**
Dokumentation
21:15 **Natürlich blond**
22:00 **Die Vögel**
1963
R.: Alfred Hitchcock

Oliver
- entdeckt einen alten Film mit Heinz Rühmann
- findet Dokumentationen etwas langweilig
- stimmt, Ameisen findet er interessant und später kommt ein Hitchcock-Thriller
- macht schon mal das Popcorn

seine Freundin Carmen
- kennt den Film schon und möchte eine Tierdokumentation sehen
- sagt, dass es um Ameisen geht
- *Die Vögel* findet sie auch toll
- freut sich auf einen schönen Fernsehabend

Oliver: *Ah, heute kommt die Feuerzangenbowle. Das ist ein toller alter Film mit ...*
Carmen: *Den haben wir doch schon so oft gesehen. Ich möchte lieber die ...*

15 Eltern und Lehrer diskutieren: Brauchen Schüler Mobiltelefone? Lesen Sie die Stichpunkte und fassen Sie die Meinungen zusammen.

Frau Fächner
Kinder, keine Handys brauchen / wen anrufen? im Unterricht klingeln, schrecklich! die Eltern, lieber mehr Bücher kaufen

Herr Kriegel
Kinder, heute moderne Medien kennenlernen müssen / Wenn Handy haben ➨ lernen den Umgang mit Technik/Eltern und Schule, mehr mit Kindern über das Thema sprechen müssen/ aber in der Schule: Handyverbot

Frau Kröger
arbeiten, meine Kinder erreichen können/ ein Handy auch wichtig sein können/ wenn etwas passiert, die Polizei oder Feuerwehr rufen können

Und was sagen Sie?

Sind Sie gesund?

Wortschatz

1 Wortfeld Gesundheit. Zeichnen Sie das Kreuz auf ein Blatt Papier und ordnen Sie die Wörter zu.

der Arzt/die Ärztin • Fieber haben • der/die Krankenpfleger/in • das Kleingeld • Schmerzen haben • husten • die Nebenwirkungen beschreiben • der Kamm • sich das Impfbuch ansehen • die Sprechstundenhilfe • die Zahnpasta • Schnupfen haben • die Seife • die Hausschuhe • viel Durst haben • ein Medikament verschreiben • der Bademantel • im Bett liegen • der Schlafanzug

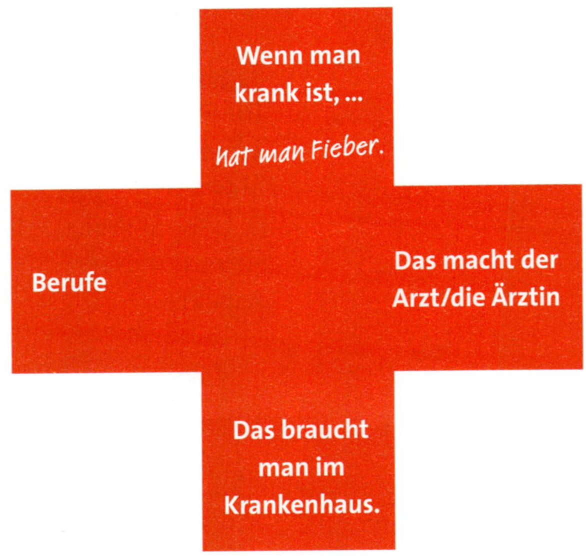

2 Keine Angst vor dem Krankenhaus! Ergänzen Sie den Text. Unten finden Sie Hilfe.

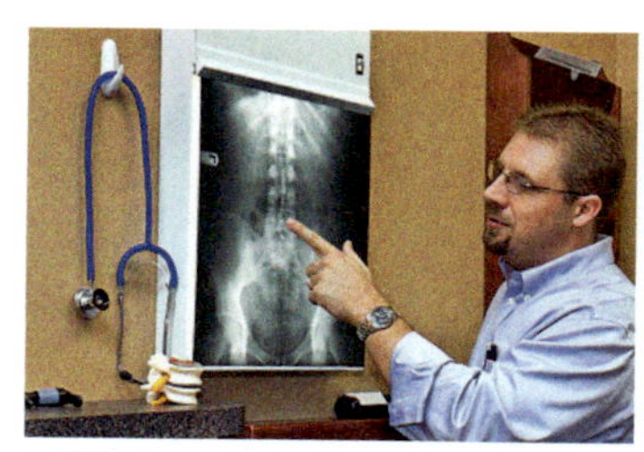

Peter arbeitet an einem neuen Computerprogramm und war in letzter Zeit nur _____________[1]: Zu wenig _____________[2], kein Sport, er hatte nicht einmal Zeit für einen Spaziergang. Er hat auch nicht richtig gegessen, denn in der _____________[3] hat er einfach weitergearbeitet und ist nicht mehr in die _____________[4] gegangen. Dann hatte der Körper einfach keine _____________[5] mehr. Zuerst hat Peter nur _____________[6], aber am Wochenende hatte er plötzlich sehr hohes _____________[7], fast 40 Grad. Seine Frau Julia hat _____________[8] bekommen und sie hat ihn mit dem Auto ins _____________[9] gebracht. Der Arzt hat ein _____________[10] von seiner Brust gemacht und tatsächlich: Peter hatte eine Lungenentzündung! Er musste ein paar Tage im Krankenhaus bleiben und hat starke _____________[11] bekommen. Peter hat so etwas noch nie _____________[12] und war zuerst _____________[13], weil er nicht sofort nach Hause gehen konnte. Aber Julia hat ihm _____________[14] gemacht: „Die Tage im Krankenhaus tun dir nur _____________[15]. Das Wichtigste ist doch, dass du bald wieder _____________[16] bist. _______ _____________[17] haben wir nicht zu lange gewartet!“

Angst • erlebt • Fieber • gehustet • gesund • gestresst • gut • Kantine • Kraft • Krankenhaus • Medikamente • Mittagspause • Mut • Röntgenbild • Schlaf • verzweifelt • zum Glück

3 **Wo fehlen die Wörter?**
Schreiben Sie den Text in Ihr Heft und setzen Sie die fehlenden Wörter ein.

Spielsucht ist eine Krankheit

Man schätzt, dass in D A CH ca. 400.000 Menschen vom Glückspiel sind. Zuerst ist das nur eine. Wenn man verliert, ist das eine. Man spielt immer öfter, zum Beispiel man die ganze Nacht oder man sitzt stundenlang an einem Automaten. Man verliert oft Tausende von und hat immer mehr. Aber man spielt weiter, weil man glaubt, dass man sein Geld mit dem nächsten Spiel zurückgewinnen kann, und das sehr. Aber mit jedem Spiel verändert man sich langsam ein bisschen mehr und kann bald nicht mehr. Dann ist das Spielen eine Sucht*. Und Spielsucht ist eine. Wenn der Spieler oder die Spielerin das erkannt hat, kann man ihm oder ihr auch.

abhängig • aufhören • Herausforderung • Krankheit • Euro • Leidenschaft • würfelt • helfen • Schulden • motiviert • Spielen

* die Sucht = wenn man von etwas abhängig ist (Alkohol, Zigaretten etc.)

4 **Das hat gut getan! Bilden Sie Sätze und schreiben Sie einen Text.**

1. Ich, ein Gesundheitsprogramm von meiner Krankenkasse, teilgenommen, an
2. Zuerst, ein wenig Angst, ich, haben – aber – meine Freunde, Mut machen, mir
3. Dann, ich, mich anmelden
4. Der Trainer, uns, immer wieder, motivieren, er, sehr nett
5. Das Programm, vier Tage, dauern
6. Wir, unseren Trainingsrhythmus, selbst bestimmen können
7. Das, die Gesundheit, sehr guttun, sicher

Ich habe an einem

Sind Sie gesund?

Grammatik

5 **Verben im Präteritum.**
a) Aber wie heißt der Infinitiv? Ergänzen Sie.

1. lebte:	________	5. gab:	________	9. sollte:	________
2. hatte:	________	6. kam:	________	10. wollte:	________
3. arbeitete:	________	7. blieb:	________	11. musste:	________
4. ging:	________	8. war:	________	12. wusste:	________

b) Pedro hatte gestern einen anstrengenden Tag. Beschreiben Sie ihn mit den Verben aus a). Die Nummern und Sätze mit *als* helfen.

1.

Verb Nr. 4

2.

Verb Nr. 5

3.

Verben Nr. 10 + 2

4.

Verb Nr. 7

5.

Verb Nr. 6 + 10

6.

Verben Nr. 12 + 8

Pedro ging gestern schon um

6 **Wer hat die Verben gegessen? Ergänzen Sie sie im Präteritum.**

Wie ich zum Sport ____ [1]

Als ich 25 Jahre alt ____ [2], ____ [3] ich nicht viel Bewegung. Ich ____ [4] viel und ____ [5] immer lange im Büro. Danach ____ [6] ich keine Lust mehr auf Sport. Ich ____ [7] lieber fernsehen und Chips essen. Ich ____ [8] sehr ungesund. Doch dann ____ [9] alles anders: Ich ____ [10] schreckliche Rückenschmerzen und ich ____ [11]: Wenn ich nichts für meinen Rücken tue, kann ich bald nicht mehr richtig laufen! Es ____ [12] also keine andere Möglichkeit, ich ____ [13] zum Sport. Und so schlimm ____ [14] das Training gar nicht!

Ja! genau!

Deutsch als Zweitsprache

Lösungen

A2

Cornelsen

1 Flexibel und mobil

1

a) 2. A – 3. C – 5. D – 6. B

b) 2. Klaus Albrecht ist alleinerziehend.
3. Max pendelt jeden Tag.
4. Unsere Chefin hat viel zu tun.
5. Viele Frauen müssen Arbeit und Kinder verbinden.
6. Meine Arbeit (als Verkäuferin in einer Bäckerei) ist sehr anstrengend.
7. Ich habe mich beworben und hatte Erfolg.

2

1. Kinderbetreuung – 2. unbefristet – 3. Vollzeitstelle – 4. Alltag – 5. Ausrede – 6. Arbeitsagentur

3

2a: Ich suche einen Job.
3e: Ich wechsel den Kindergarten.
4h: Ich ordne die Papiere.
5i: Ich mache einen Termin.
6g: Ich fahre eine Stunde zur Arbeit.
7d: Ich pendel jedes Wochenende.
8f: Ich stehe im Stau.
9b: Ich lese die Stellenanzeigen.

4

2: beworben – 3: Arbeit – 4: Firma – 5: bleiben – 6: pendeln – 7: halbe – 8: anstrengend – 9: Kollegen – 10: unbefristet – 11: flexibel – 12: gehen – 13: in der Woche – 14: aufstehen – 15: vermisst

5

[...] Sie möchte halbtags in einem Team arbeiten. Dirk möchte viel reisen und nette Menschen kennenlernen. Und er möchte viel Geld verdienen.
Mahmud möchte Veranstaltungen organisieren und mobil sein. Aber er möchte Beruf und Familie verbinden können.

6

1: Morgens – 2: Am – 3: um – 4: Nachmittag – 5: am – 6: in – 7: Im – 8: von – 9: bis – 10: morgens

7

Sie sagt auch, dass sie halbtags in einem Team arbeiten möchte.
Dirk sagt, dass er viel reisen und nette Menschen kennlernen möchte. Er sagt auch, dass er viel Geld verdienen möchte.
Mahmud sagt, dass er Veranstaltungen organisieren und mobil sein möchte. Er sagt auch, dass er Arbeit und Familie verbinden möchte.

8

Die Direktorin fragt, ob Frau Schmolke schon an einer Schule gearbeitet hat. Frau Schmolke antwortet, dass sie ein Jahr in Polen unterrichtet hat.
Die Direktorin fragt, ob Frau Schmolke dort viele Schüler unterrichtet hat. Frau Schmolke antwortet, dass sie drei Gruppen mit je 15 Kindern hatte.
Die Direktorin fragt, ob Frau Schmolke auch in Deutschland schon als Lehrerin gearbeitet hat. Frau Schmolke antwortet, dass sie hier leider noch nicht gearbeitet hat.

9

David möchte wissen, ob es eine Vollzeitstelle ist. Er möchte wissen, ob Meier & Co eine große Firma ist. Er möchte wissen, ob die Arbeitszeiten flexibel sind. Er möchte wissen, ob er oft ins Ausland fahren muss. Er möchte wissen, ob er seine Bewerbung per Post oder per E-Mail schicken soll.

10

a) Mein Arbeitstag ist anstrengend/laut/lustig.
Unsere Kinder sind anstrengend/klein/laut/lustig/nett/schnell/teuer/wichtig.
Mein Kollege ist sehr anstrengend/klein/gut/laut/lustig/nett/schnell/wichtig.
Die Papiere sind sehr wichtig.
Das Auto ist klein/gut/laut/neu/schnell/teuer/wichtig.
Mein Hobby ist anstrengend/gut/lustig/teuer.
Die Antwort ist gut/lustig/nett/richtig/schnell/wichtig.
Die Ausrede ist gut.

b) *Nominativ:* David ist ein guter/lustiger/neuer Kollege. Wo sind deine wichtigen Papiere? Das war keine gute Ausrede.
Akkusativ: Ich habe einen anstrengenden/lauten/lustigen Arbeitstag. Ich brauche ein gutes/neues/nettes Hobby. Ich suche meinen neuen/netten Kollegen.
Dativ: Ich fahre heute mit meinem neuen/schnellen/teuren Auto. Er erzählt von seinem lustigen/teuren/anstrengenden Hobby. Ich bin bei meinen kleinen Kindern.

11 *Vorschläge:*

David: David hat jetzt einen festen Arbeitsplatz. Aber die Fahrten sind sehr lang und er ist oft nicht zu Hause. Dann ist er viel allein. Aber er hat einen netten Chef und der Job ist gut

bezahlt. Er mag es, dass er auf der Straße ein freier Mann ist.
Irina Sachmolke: Frau Schmolke hat jetzt eine sichere Halbtagsstelle. Der Weg zur Arbeit ist kurz, sie hat sehr freundliche Kolleginnen und die Kinder sind lieb. Ihre Arbeit ist interessant und sie hat einen wundervollen Beruf.

12
a) Antwort 2
b) *richtig:* 2, 3, 4, *falsch:* 1, 5, 6

13 *Vorschlag:*
In der Anzeige steht, dass man in einem Restaurant in der Altstadt als Kellner oder Kellnerin arbeiten kann. Man erfährt, dass man zwischen 18 und 35 Jahre alt sein soll und dass man sich bei der Zeitung melden soll.
Man erfährt nicht, ob man am Tag oder abends arbeiten soll. Man weiß auch nicht, wie lange man arbeiten soll, wie viel man verdient und wo genau das Restaurant ist.

14 *Vorschlag:*
[...] Zuerst liest und beantwortet er seine E-Mails, dann telefoniert er mit Kunden und arbeitet danach an seinem Projekt. Um 13 Uhr geht er Mittag essen. Nachmittags hat er eine Besprechung mit den Kollegen und um 17 Uhr hat/ macht er Feierabend.

15
◀ Ich arbeite in Hamburg.
▮ Wann stehst du auf? ◀ Ich stehe jeden Tag um halb sieben auf.
▮ Was machst du dann? ◀ Dann trinke ich Kaffee und um 7:30 Uhr fahre ich zur Arbeit.
▮ Was bist du von Beruf? / Wo arbeitest du?
◀ Ich bin Konditor in einem großen Hotel.
▮ Wie lange fährst du zur Arbeit? ◀ Circa eine halbe Stunde.
▮ Was/Wie viel verdienst du? ◀ Ich bekomme 1200 Euro im Monat.
▮ Wann hast du Feierabend? ◀ Um 16 Uhr.
▮ Was machst du nach der Arbeit? ◀ Zuerst gehe ich einkaufen. Am Abend telefoniere ich mit meiner Fau und dann sehe ich fern oder treffe mich mit meinen Kollegen.
▮ Was machst du am Wochenende? ◀ Am Wochenende fahre ich nach Hause zu meiner Familie.

16 *Individuelle Lösung*

2 Wie die Zeit vergeht

1
2. Die Mutter macht die Brote. – 3. Der Junge wäscht sich.– 4. Der Mann duscht sich.– 5. Die Frau schminkt sich. – 6. Der Junge kämmt sich.- 7. Der Mann rasiert sich. – 8. Das Mädchen zieht sich an.

2 *Individuelle Lösung*

3 *Vorschläge:*
Auge: fernsehen, ein Buch lesen, weinen, sich wohl fühlen
Nase: atmen, schnarchen
Ohr: eine Nachricht hören, sich unterhalten
Hand: eine Notiz schreiben, Freunde begrüßen, die Uhr vorstellen, etwas aufhängen, aufräumen

4
Ich: Ich muss früh aufstehen und fühle mich noch schrecklich müde. Dann gehe ich ins Bad, dusche und kämme mich. Beim Frühstück unterhalte ich mich mit meiner Tochter über den Tag. Ich treffe mich heute mit vielen Leuten. Langsam freue ich mich auf meine Arbeit. Dann muss ich mich auch schon beeilen und renne zum Zug. Die Fahrt dauert eine halbe Stunde. Ich lese Zeitung, denn ich interessiere mich für Politik. Aber oft ärgere ich mich über die Nachrichten.
Du: Du musst früh aufstehen und fühlst dich noch schrecklich müde. Dann gehst du ins Bad, duscht und kämmst dich. Beim Frühstück unterhältst du dich mit deiner Tochter über den Tag. Du triffst dich heute mit vielen Leuten. Langsam freust du dich auf deine Arbeit. Dann musst du dich auch schon beeilen und rennst zum Zug. Die Fahrt dauert eine halbe Stunde. Du liest Zeitung, denn du interessierst dich für Politik. Aber oft ärgerst du dich über die Nachrichten.
Wir: Wir müssen früh aufstehen und fühlen uns noch schrecklich müde. Dann gehen wir ins Bad, duschen und kämmen uns. Beim Frühstück unterhalten wir mit unserer Tochter über den Tag. Wir treffen uns heute mit vielen Leuten. Langsam freuen wir uns auf unsere Arbeit. Dann müssen wir uns auch schon beeilen und rennen zum Zug. Die Fahrt dauert eine halbe Stunde. Wir lesen Zeitung, denn wir interessieren uns für Politik. Aber oft ärgern wir uns über die Nachrichten.
Ihr: Ihr müsst früh aufstehen und fühlt euch noch schrecklich müde. Dann geht ihr ins Bad, duscht und kämmt euch. Beim Frühstück unterhaltet ihr euch mit eurer Tochter über den Tag.

Ihr trefft euch heute mit vielen Leuten. Langsam freut ihr euch auf eure Arbeit. Dann müsst ihr euch auch schon beeilen und rennt zum Zug. Die Fahrt dauert eine halbe Stunde. Ihr lest Zeitung, denn ihr interessiert euch für Politik. Aber oft ärgert ihr euch über die Nachrichten.

5
1: habe mich über [meinen Chef] geärgert
2: ist passiert
3: habe mich beeilt
4: habe ich [einen Fehler] gemacht
5: habe mich [...] gefühlt
6: mich [sofort] entschuldigt
7: hat [...] gekauft
8: habe mich [...] wohl gefühlt
9: haben wir uns [...] unterhalten

6
1: auf – 2: auf 3: an – 4: mit – 5: über – 6: auf – 7: über 8: mit – 9: über

7
Wofür interessiert sich Claudia sehr? –
Ich glaube, sie interessiert sich sehr für uns.
Woran muss Lilli denken? – Ich glaube, sie muss an das Geschenk denken.
Worüber freut sich die Tante (immer so)? –
Ich glaube, sie freut sich (immer so) über neue Pflanzen.
Worüber soll ich mich nicht ärgern? –
Ich glaube, du sollst dich nicht über den Nachbarn ärgern.
Worüber sollen wir uns nicht streiten? –
Ich glaube, wir sollen uns nicht über den Abwasch und über das Fernsehprogramm streiten.
Worauf sollen wir nicht warten? – Ich glaube, wir sollen nicht auf sie (auf Sabine) warten.

8 *Vorschläge:*
92 Prozent freuen sich auf die Zeit mit ihrer Familie.
78 Prozent freuen sich auf Spaß.
71 Prozent freuen sich auf Ruhe und Erholung.
70 Prozent freuen sich auf das neue Land und die neuen Menschen.
42 Prozent freuen sich auf Sport.
36 Prozent freuen sich auf Wellness.
34 Prozent freuen sich auf spannende Sachen.

9
a) 1 falsch, 2 falsch, 3 richtig, 4 falsch, 5 richtig, 6 richtig

b)
1. [...] um sechs Uhr aufstehen.
2. [...] zuerst aufräumt und danach Tiere und Pflanzen malt.
3. [...] kein Geld (und keine Zeit) für Reisen hatten.
4. [...] Boppard, Trier und Koblenz besucht haben.

10
a) 2h – 3f – 4d – 5b – 6c – 7i – 8a – 9e

b) 2 Alles muss schnell gehen und die Kinder müssen sich immer beeilen.
3 Dann ärgert sie sich über den Stau in der Stadt.
4 Nach der Fahrt trinkt sie Kaffee und macht fünf Minuten Pause.
5 Sie mag ihre Arbeit und freut sich auf den Arbeitstag.
6 Täglich hat sie interessante Termine und trifft sich mit Kunden und Kollegen.
7 Aber nicht alle Aufgaben sind interessant und manchmal langweilt sie sich auch.
8 Ihre Freizeit verbringt sie mit ihrer Familie/ mit uns.
9 Aber wir unterhalten uns oft über die Arbeit.

11 *Individuelle Lösung*

12
Jessica: Hallo, Beate! Oh, das tut mir leid! Ich habe mich mit Rebecca verabredet. Wir wollen einen spannenden Film sehen und haben schon die Karten gekauft.
Astrid: Hallo, Beate! Oh, das geht leider nicht! Ich treffe mich mit einem Freund zu einem romantischen Abendessen und wir haben es schon lange geplant.
Eddi: Hallo, Beate! Ich kann dir leider nicht helfen. Ich habe mich erkältet und fühle mich schlecht. Ich muss im Bett bleiben.

13 *Individuelle Lösung*

3 Generationen

1 *Vorschläge:*
die Kindheit: der Spielplatz, der Kindergarten, spielen, die Schule, Spaß haben
die Jugend: Spaß haben, von zu Hause ausziehen, das erste Mal verliebt sein, das Abitur, Musik hören, die Oberschule
erwachsen sein: die Arbeit, etwas erreichen, die Ehe, Kinder bekommen, viele Reisen machen
das Alter: der/die Rentner/in, Zeit haben, das Leben genießen, Enkel haben, viele Reisen machen, Erinnerungen haben

2
1: Dorf, 2: Schule, 3: Chor, 4: Krieg, 5: Ehe, 6: gestorben, 7: Enkel

3
1. träumen = g – 2. unterstützen = c –
3. lügen = e – 4. erwachsen = a –
5. ausziehen = f – 6. sich verlieben = b –
7. etwas schaffen = h – 8. genießen = d

4
a) 1f – 2g – 3b – 4h – 5a – 6d – 7i – 8c – 9e

5
Als ich 7 Jahre alt war, bin ich in die Schule gekommen.
Als ich 10 Jahre alt war, ist meine Oma gestorben.
Als ich in der 7. Klasse war, habe ich mich zum ersten Mal verliebt.
Als ich meinen 15. Geburtstag gefeiert habe, habe ich einen Hund geschenkt bekommen.
Als ich mit der Schule fertig war, habe ich eine Stelle gesucht.
Als ich als Verkäufer in einem Kaufhaus gearbeitet habe, war ich nicht zufrieden.
Als ich meinen 30. Geburtstag gefeiert habe, wollte ich mein eigenes Geschäft haben.
Als ich den Wunsch nach einer Familie hatte, bin ich zu einer Partnervermittlung gegangen.
Als ich im Herbst 2008 auf einer Reise war, hat mir eine nette junge Dame geschrieben.
Als ich zurückgekommen bin, haben wir uns getroffen und uns sofort verliebt.

6
Auf diesen Veranstaltungen, zu einer Zeit, als man noch kein Internet hatte, haben sich so viele Paare gefunden. Das war auch wichtig. Denn damals, als die Ehe auch eine wichtige Zweckgemeinschaft war, haben die Menschen oft schon mit Anfang 20 geheiratet.
Schon bald, als man die ersten Kontaktanzeigen in den Zeitungen lesen konnte, hat man auch auf diesem Wege einen Partner oder eine Partnerin gefunden.
Dann, als die ersten Kontaktbörsen im Internet waren, konnten die Menschen in der ganzen Welt nach einem Partner oder einer Partnerin suchen. [...] Als man sich noch beim ersten Kennenlernen in die Augen sehen konnte, hat man sofort gewusst: Das ist der oder die Richtige! War es früher, als man seinen Partner noch direkt gesucht hat, besser als heute?

7
1: als – 2: musste – 3: musste – 4: konnte/durfte – 5: als – 6: wollten – 7: konnten – 8: konnten – 9: als – 10. musste – 11: wolltet

8
1: auf – 2: an – 3: mit – 4: über – 5: für – 6: über – 7: für – 8: über – 9: mit – 10: in – 11: über – 12: von – 13: auf – 14: auf

9
a) Kinder und Jugendliche, Erwachsene, junge Alte (ab 50), Hochbetagte (ab 80)

b) 1. falsch, 2. richtig, 3. falsch, 4. richtig, 5. richtig, 6. falsch, 7. falsch, 8. richtig, 9. richtig

10
Paul: Opa, wie war es bei euch in der Schule?
Willi: Oh, wir mussten zum Beispiel immer aufstehen und im Chor „Guten Morgen" sagen.
Paul: Durftet ihr mit den anderen reden?
Willi: Oh nein, dann mussten wir in die Ecke.
Paul: War der Unterricht interessant?
Willi: Manchmal ja. Wir hatten eine nette Deutschlehrerin. Sie konnte sehr gut erzählen.
Paul: Was musstet ihr lesen?
Willi: Wir haben viele Gedichte gelesen.
Paul: Musstet ihr viele Hausaufgaben machen?
Willi: Ja, oft mussten wir sehr viel schreiben.
Paul: War es / die Schule schrecklich?
Willi: Nein, oft hatten wir auch viel Spaß.

11 *Vorschlag:*
Lieber Opa / Liebe Oma,
herzlichen Glückwunsch zum Geburtstag!
Leider kann ich nicht zu deinem Fest kommen. Aber ich möchte dir sagen, dass ich sehr stolz auf dich bin. Du hast immer sehr hart gearbeitet und so viel geschafft und erreicht. Du bist eine wunderbare Oma / ein wunderbarer Opa. Ich wünsche dir alles Gute und denke an dich.
Küsse, deine Enkelin / dein Enkel

12
19: *Kurt:* Als ich 19 war, habe ich mich zum ersten Mal verliebt. *Mathilde:* Als ich 19 war, habe ich meine Lehre als Schneiderin fertig gemacht. *Hans:* Als ich 19 war, war ich schon im Krieg. *Hertha:* Als ich 19 war, habe ich das erste Kind bekommen.
30: *Willi:* Als ich 30 war, habe ich eine neue Arbeit gefunden. *Kurt:* Als ich 30 war, habe ich meine Frau kennengelernt.
Mathilde: Als ich 30 war, wollte ich eine Familie haben. *Hans:* Als ich 30 war, bin ich nach Bonn gegangen. *Gertrud:* Als ich 30 war, hatte ich

schon 2 Kinder und bin wieder arbeiten gegangen.
45: *Willi:* Als ich 45 war, habe ich viel Sport getrieben. *Kurt:* Als ich 45 war, habe ich noch hart gearbeitet. *Mathilde:* Als ich 45 war, habe ich eine Halbtagsstelle bekommen. *Hans:* Als ich 45 war, habe ich ein Auto gekauft. *Gertrud:* Als ich 45 war, habe ich eine Reise nach Spanien gemacht.

Fit im Alltag 1

1
a) 1. Hort – 2. Krippe, Tagesmutter – 3. Kindergarten – 4. Kita/Kindertagesstätte

2
a) 1C – 2D – 3X – 4B – 5A

b) *Vorschläge:*
a) Lieber Herr Weimann,
ich muss morgen mit meiner Tochter zum Arzt und komme deshalb etwas später in die Firma / ins Büro. Könnten wir uns auch um 11 Uhr treffen?
Viele Grüße
b) Liebe ...,
ich bin vom nächsten Montag bis Freitag, den 09.10. im Urlaub. Könntest du die Blumen in meinem Büro gießen? Vielen Dank.
c) Lieber Techniker,
der Kopierer im Raum 2.003 ist kaputt / hat einen Papierstau. Können Sie ihn bitte so bald wie möglich reparieren?
Viele Grüße
d) Herr Müller hat am Freitag Geburtstag. Bitte kommen Sie doch kurz in mein Büro und unterschreiben Sie die Geburtstagskarte. / Die Geburtstagskarte liegt in meinem Büro und Sie können sie unterschreiben.

4 Mein Zuhause

1
der Kamin, die Kamine / die Lampe, die Lampen / der Teppich, die Teppiche / der Pinsel, die Pinsel / der Eimer, die Eimer / die Pflanze, die Pflanzen / die Leiter, die Leitern / die Rolle, die Rollen

2
1. kündigen – 2. unterschreiben – 3. gehen, kaufen – 4. packen – 5. mieten – 6. wegwerfen – 7. renovieren, streichen

3
2: verändern – 3: renovieren – 4: richten ... ein – 5. streichen – 6: wählt – 7: fröhlich wirken – 8: wegwerfen – 9: aufstellen

4
1. Thomas hat eine Leiter in die Mitte gestellt.
2. Der Boden war feucht und er ist fast von der Leiter gefallen.
3. Thomas konnte sich am Schrank festhalten und es ist nichts Schlimmes passiert.

5
1. Sie stellt die Bücher ins Regal.
2. Sie legt die Socken in die Schublade.
3. Sie stellt die Stifte in ein Glas.
4. Sie hängt den Mantel in den Schrank.
5. Sie räumt das Geschirr in den Geschirrspüler.
6. Sie legt ein Tuch auf den Tisch.
7. Sie stellt Blumen auf den Tisch.
8. Sie hängt ein Bild an die Wand.

6
1: dem Fernseher – 2: auf dem Tisch – 3: im Regal. 4: in der Schublade – 5: dem Bett

7 *Vorschlag:*
[...] der Fernseher. Vor dem Fenster steht ein kleiner Schreibtisch und ein Stuhl. Neben dem Bett gibt es ein Telefon und eine Lampe zum Lesen.

8
1: Auf – 2: Über – 3: unter – 4: In – 5: An – 6: gegenüber – 7: Vor – 8: An – 9: Vor/An – 10: In – 11: an – 12: In – 13: Auf

9
1: steht – 2: stellen – 3: stehen – 4: stellen – 5: hängen – 6: hängt – 7: legen – 8: sitzt

10
Marcel glaubt, dass seine Wohnung zu klein ist. Er will umziehen und muss eine neue Wohnung suchen.
Sabine glaubt, dass ihre Nachbarn zu laut sind. Sie muss sich bei ihnen beschweren.
Max glaubt, dass sein Wohnzimmer kühl wirkt. Er will die Wände streichen und muss eine warme Farbe kaufen.

11
a) 1. Die Mieter im Haus Blücherstraße 46, 2. Die Hausverwaltung SWGB, Deniz Özdamar
b) *richtig:* 2, 4, 7, *falsch:* 1, 3, 5, 6

12
1c – 2a – 3b – 4b

13
Liebe Gäste,
leider ist die Klingel kaputt. Wir können sie nicht hören, aber die Tür soll eigentlich offen sein. Ihr kommt nicht rein? Dann ruft bitte an oder klingelt bei Frau Buck.

14
Ort, Datum
Sehr geehrte Damen und Herren,
Unser Briefkasten ist seit zwei Tagen kaputt. Wir können ihn nicht aufmachen. Er ist schon sehr voll. Bitte beheben Sie das Problem so schnell wie möglich.
Mit freundlichen Grüßen
Unterschrift

15
Liebe (Namen),
[...] Wir haben alle Möbel umgestellt und die Decken und die Wände in Grün gestrichen. Wir haben den Tisch an die Wand gestellt und ein buntes Bild an die Wand gehängt. Wir haben einen neuen Teppich auf den Fußboden gelegt. Wir haben im Wohnzimmer eine Ecke für Pflanzen eingerichtet und neue Lampen gekauft.

16
1. 1c–2c

5 Rund ums Geld

1

Geld:	abheben – ausgeben – überweisen – zurückzahlen
ein Konto:	eröffnen – überziehen
einen Vertrag:	zuschicken – unterschreiben
einen Kredit:	aufnehmen – zurückzahlen

2
1c – 2c – 3a – 4b – 5b

3
1. Du musst das Geld überweisen.
2. Ihr müsst einen Kredit aufnehmen.
3. Du musst/kannst das Konto überziehen.
4. Du musst/kannst einen Dauerauftrag einrichten.

4 *Vorschläge:*
2. Nicht so oft Auto fahren, lieber das Fahrrad nehmen.
3. Energiesparlampen benutzen. Sie sparen Strom.
4. Beim Einkaufen auf die Preise achten. Die billigen Produkte stehen unten im Regal.

5
1. Wir haben die Bank gewechselt, weil die Gebühren zu hoch waren.
2. Wir haben hohe Heizungskosten, weil der Winter so kalt war.
3. Der Bankautomat hat Ihre Karte eingezogen, weil Sie dreimal die falsche Geheimzahl eingegeben haben.
4. Familie Jürgens freut sich sehr, weil die Bank sie beim Hauskauf unterstützt hat.
5. Die Bank hat das Geld auf mein Konto zurückgebucht, weil ich die Überweisung nicht korrekt ausgefüllt habe.
6. Man kann jetzt auch nachts Geld überweisen, weil es Service-Automaten gibt.

6
2. Frau Lenz möchte einen Kredit aufnehmen, weil sie ein Auto kaufen möchte.
3. Barbara möchte einen Kredit aufnehmen, weil sie ein neues Sofa kaufen möchte.
4. Tom möchte einen Kredit aufnehmen, weil er eine Gitarre kaufen möchte.
5. Elke Schnipp möchte einen Kredit aufnehmen, weil sie einen Frisörsalon eröffnen möchte.
6. Jan und Elli möchten einen Kredit aufnehmen, weil sie eine (Welt-)Reise machen möchten.

7
a) *Nominativ:* 1 – 2 – 3 – 8 – 13 – 14
b) *Akkusativ:* 2 – 3 – 5 – 7 – 8 – 13
c) *Dativ:* 4 – 6 – 9 – 10 – 11 – 12

8
1D – 2D – 3A – 4N – 5D – 6N – 7A – 8D – 9A – 10A – 11A – 12D – 13A

9
neues – tägliche – großen – wöchentlichen – schweren – großen – langen – einzige – stressige – anstrengende – langen – vollen – neuen

10
Ich möchte das kleine Auto und die billige Puppe (nicht) kaufen. Das teure Auto und die kleine Puppe sind (nicht) schön.
Ich möchte den schwarzen Pullover (nicht)

kaufen. Der schwarze Pullover ist (nicht) schön.
Ich möchte die blaue Tasche (nicht) kaufen.
Die blaue Tasche ist (nicht) schön.
Ich möchte das rote T-Shirt (nicht) kaufen.
Das rote T-Shirt ist (nicht) schön.

11

1. Foto B: Als man noch kein Papiergeld hatte, hat man nur mit Münzen bezahlt.
2. Foto D: 1919, als der 1. Weltkrieg zu Ende war, hat in Deutschland eine dramatische Inflation begonnen.
3. Foto C: 1948, als der 2. Weltkrieg seit drei Jahren vorbei war, hat man die Deutsche Mark eingeführt.
4. Foto A: Als man am 1. Januar 2002 den Euro eingeführt hat, hat sich in Deutschland und in Europa viel verändert.

12

1: Text 3 – 2. Text 1 – 3. Text 4 – 4. Text X – 5. Text 2

13

Ja: 2. – 3. – 5. *Nein:* 1. – 4. – 6. – 7.

14 *Vorschlag:*

Sehr geehrte Damen und Herren,
wir ziehen bald um. Der Umzug ist teuer und wir möchten einen Kredit in Höhe von 2000 Euro aufnehmen. Wir können ihn in drei Jahren zurückzahlen. Wir freuen uns auf ein persönliches Gespräch. / Können Sie uns ein Termin für ein persönliches Gespräch geben?
Mit freundlichen Grüßen,
Ihr Name

15

Zuerst müssen Sie die Karte einführen, dann geben Sie Ihre PIN/Ihre Geheimzahl ein. Danach wählen Sie einen Betrag. Nehmen Sie die Karte zurück. Zum Schluss dürfen Sie das Geld nicht vergessen!

16

1. ◀ Warum nimmst du ein weißes Tischtuch? Du kannst doch das rote nehmen!
▮ Und wo ist das rote?
◀ Auf dem neuen Stuhl.

2. ◀ Warum nimmst du die gelben Servietten? Du kannst doch die braunen nehmen!
▮ Und wo sind die braunen?
◀ Neben dem roten Tischtuch.

3. ◀ Warum nimmst du die grünen Gläser? Du kannst doch die normalen nehmen!
▮ Und wo sind die normalen?
◀ Hinter den grünen Gläsern.

4. ◀ Warum nimmst du den roten Sekt? Du kannst doch den weißen nehmen!
▮ Und wo ist der weiße?
◀ Im gelben Karton.

5. ◀ Warum nimmst du die tiefen Teller? Du kannst doch die flachen Teller nehmen!
▮ Und wo sind die flachen?
◀ Neben den tiefen Tellern.

6 Miteinander leben

1

1c: Foto D – 2d: Foto C – 3b: Foto B – 4a: Foto A

2

1a – 2c – 3b

3

1: Ausland, 2: entscheiden, 3: Erfahrungen, 4: persönliche, 5: Angst 6: Heimweh, 7: zurück, 8: gründen, 9: lohnt sich, 10: Weiterbildung

4 *Vorschläge:*

1. Die junge Studentin fühlt sich in der Gruppe / in dem Land fremd.
2. Ich denke, dass der Großvater / das Kind / die Politikerin Recht hat.
3. Wir sollen den Großvater / den Hund / das Kind in Ruhe lassen.
4. Hast du Angst vor dem Hund / der Gruppe / der Veranstaltung / der Demonstration / der Zukunft?
5. Möchtest du bei der Veranstaltung / der Demonstration / der Gruppe mitmachen?

5

1. mehr – 2: weniger – 3: öfter – 4: größer – 5: kleiner – 6: aktiver – 7: lieber – 8: interessanter – 9: früher – 10: länger – 11: gestresster – 12: komplizierter – 13: schneller – 14: schwerer – 15: mehr – 16: freier

6

1. Du läufst bestimmt schneller!
2. Du springst bestimmt höher!
3. Du malst bestimmt schöner!
4. Du pfeifst bestimmt lauter!
5. Du erzählst bestimmt lustiger!

7
Die Zimmer sind größer und heller. / Die Küche ist moderner. / Die Straße ist ruhiger. / Der Flur ist länger. / Der Supermarkt ist näher. / Der Balkon ist sonniger. / Die Fenster sind höher. / Die Wände sind dicker.

8
1. älter/größer 2. kürzer 3. wärmer
4. gesünder 5. stärker/härter

9
1. Das heißt, dass Michael genauso lange geschlafen hat wie sein Cousin.
2. Das heißt, dass ich heute mehr/gestern weniger getrunken habe als gestern/heute.
3. Das heißt, dass wir heute genauso viele Kartoffeln gekocht haben wie gestern.
4. Das heißt, dass meine Schwester und ich genauso viel Butter nehmen.
5. Das heißt, dass die Schokolade mit 50 % Kakao weniger Kalorien hat als die Schokolade mit 80 % Kakao / ... die Schokolade mit 80 % Kakao mehr Kalorien hat als die Schokolade mit 50 % Kakao.
6. Das heißt, dass die die Wohnung in der Berliner Straße genauso groß ist wie die Wohnung in der Brandenburgischen Straße.

10
1: ihr – 2: ihm – 3: ihnen – 4: mir – 5: dir – 6: euch, ihr

11
Herr Meinold hat seinem Bruder einen Fernseher geschickt.
Claudia hat ihrer Tante eine Lampe geschickt.
Ich habe meiner Kollegion eine Tasse geschickt.
Du hast deiner Tochter eine Puppe geschickt.
Gregor und Sabine haben ihren Eltern ein Spiel geschickt.
Franz hat seinem Opa eine Weihnachtskarte geschickt.

12
1b – 2b – 3a – 4a – 5a – 6a – 7b

13
a) und b) *Vorschlag:*
Jessica Balogun ist 22 Jahre alt und 1,60 m groß. Sie kommt aus Nigeria. Sie ist als Baby mit ihrer Mutter nach Deutschland gekommen. Seit 2003 lebt sie in Aachen. Sie hat eine Ausbildung zur Kauffrau gemacht, aber heute ist sie Profiboxern. Sie hat mit 15 mit dem Training begonnen und heute ist sie Weltmeisterin in ihrer Gewichtsklasse. In ihrer Freizeit trifft sie am liebsten ihre Freundinnen und sie gehen zusammen aus. Sie findet es lustig, wie die Leute auf ihren Beruf reagieren. Sie ist zufrieden, aber sie hofft, dass man auch ihre Kämpfe einmal im Fernsehen sehen kann.

14 *Individuelle Lösung*

7 Sport

1
a) 1: alt – 2: großer – 3: begeistert – 4: traurig – 5: regelmäßig – 6: fleißig – 7: gespannt – 8: oft – 9: unbedingt – 10: stolz

b) Neffe – Fußball – Fan – Spiele – Mannschaft – Jugend – Training – Eltern – Wochenenende – Sportplatz – Spielen – Tor – Platz – Ball – Trainer

c) ist – liebt – lebt – sieht ... an – gewinnt – verliert – spielt – geht – übt – verbringen – sehen ... zu – freuen – passiert – will – kämpft – ist

2
2. Gestern hatte meine Tochter einen Unfall.
5. Sie hat vor dem Haus mit einem Freund Basketball gespielt.
1. Dann ist sie hoch gesprungen und ist umgeknickt. Danach konnte sie nicht mehr laufen.
2. Ich bin mit meiner Tochter sofort ins Krankenhaus gefahren.
4. Sie hat Glück gehabt, denn der Fuß ist nicht gebrochen.

3 *Vorschläge:*
Usain Boilt ist einen neuen Rekord gelaufen.
Hat Usain Boilt den neuen Rekord geschafft?
Die Zeitungen melden den neuen Rekord von Usain Boilt.
Usain Boilt ist sehr stolz auf seinen neuen Rekord.
Erinnerst du dich an den neuen Rekord von Usain Boilt?
Usain Boilt hofft auf einen neuen Rekord im 100-Meter-Lauf.
Usain Boilt hat für den neuen Rekord hart gekämpft.

4
Ich lebe gesund, denn ich mache regelmäßig Sport und gehe oft spazieren. Ich esse immer gesund, rauche nie, gehe oft früh schlafen und trinke selten/nie Alkohol.

5
Maria spricht gut, Lisa spricht besser, Hanna spricht am besten.
Maria liest laut, Hanna liest lauter, Lisa liest am lautesten.
Lisa erzählt interessant, Hanna erzählt interessanter, Maria erzählt am interessantesten.
Lisa versteht viel, Maria versteht mehr, Hanna versteht am meisten.
Maria lernt gern, Lisa lernt lieber, Hanna lernt am liebsten.

6
1. am größten
Das Bawabet Dimashq in Damaskus ist am größten.
2. die meisten
Christl Cranz hat die meisten WM-Titel.
3. am schnellsten
Der Weißkopf-Albatros ist am schnellsten.
4. am weitesten
Der Skispringer Andres Goldberger ist am weitesten geflogen.

7
1: schönste – 2: perfekteste – 3: schnellste – 4: beste – 5: höchste

8
1d: Wenn es in einem Endspiel nach 90 Minuten 0:0 steht, (dann) gibt es eine Verlängerung.
2e: Wenn ein Spieler sehr aggressiv spielt, (dann) zeigt der Schiedsrichter ihm die rote Karte.
3a: Wenn auf dem Platz Schnee liegt, (dann) ist der Ball rot.
4b: Wenn der Schiedrichter pfeift, (dann) beginnnt das Spiel.
5c: Wenn ein Spieler verletzt ist, (dann) unterbricht der Schiedsrichter das Spiel.

9
1. Wenn dich alle verstehen, dann sprichst du gut Deutsch.
2. Wenn du alle Prüfungen geschafft hast, dann sprichst du gut Deutsch.
3. Wenn du fast keine Fehler mehr machst, dann sprichst du gut Deutsch.
4. Wenn du die Nachrichten im Fernsehen verstehst, dann sprichst du gut Deutsch.
5. Wenn du Romane lesen kannst, dann sprichst du gut Deutsch.

10
1. es, ihn – 2. mich, dich – 3. es, sie, ihn– 4. sie

11
1. Zeile 1–3 / 2. Zeile 10–13 / 3. Zeile 13–16 / 4. Zeile 23–24 / 5. Zeile 27–31 / 6. Zeile 31

12
1b – 2c – 3b

13
1A – 2B – 3A – 4B – 5B – 6B – 7A – 8B

14 *Vorschläge:*
Ivo: Mir ist Sport sehr wichtig. Ich trainiere täglich: Ich mache jeden Morgen Gymnastik, gehe regelmäßig joggen und im Sommer schwimmen.
Pavel: Klar mache ich Sport. Ich gehe zweimal pro Woche ins Fitnessstudio und ich fahre auch sehr viel Fahrrad.
Maria: Manchmal gehe ich tanzen. Das macht mir Spaß. Aber auf Sportkurse habe ich keine Lust, ich gehe lieber lange spazieren.
Dimitri: Ich hasse Sport und war schon in der Schule im Sport sehr schlecht. Ich sehe lieber Fußball im Fernsehen. Ich sage euch: „Sport ist Mord“.

15 *Individuelle Lösung*

16
Erich Stroh, 73 (Jahre alt) ist am 08. September vom Apfelbaum gefallen. Er hat sich das Bein gebrochen und sich am Kopf verletzt. Man hat ihn sofort ins Krankenhaus gebracht und er musste drei Wochen im Krankenhaus liegen. Jetzt muss er noch zwei Monate zu Hause bleiben, aber langsam geht es ihm besser.

Fit im Alltag 2

1
a) 1. Farbroller – 2. Tapete, Kleister-Set – 3. Dübel und Schrauben, Akku-Bohrer – 4. Akku-Bohrer, Schrauben – 5. Hammer, Nägel

b) *Vorschlag:*
◀ Entschuldigen Sie, können Sie mir helfen?
▮ Ja gern, was brauchen Sie denn?
◀ Ich suche Dübel und Schrauben.
▮ Ja, sehen Sie hier, die 6-er Dübel sind gerade im Angebot, 100 Stück kosten nur 2,11 Euro.
◀ Und was kostet ein Akku-Boher?
▮ Dieser hier kostet 99 Euro. Dann haben wir noch den etwas größeren, der kostet 149 Euro.

◖ Ah ja, und dann möchte ich mein Wohnzimmer tapezieren. Es ist 24 m^2 groß. Wie viele Rollen brauche ich da?
▮ Ca. 5–6 Rollen. Das hängt auch von der Höhe ab.
◖ Ach so, die muss ich noch ausmessen. Danke.

2
1. 1516,08 Euro – 2. 1464,00 – 3. 52,08

4
1. Hausratversicherung – 2. Krankenversicherung, Arbeitslosenversicherung, Rentenversicherung – 3. Haftpflichtversicherung

8 Medien im Alltag

1
Text 1: [...] Er steht **früh** auf und macht etwas Sport. Danach frühstückt er ganz gemütlich, trinkt eine Tasse **Tee** und liest **die Zeitung**.
Text 2: Michael steht auf, isst schnell **einen Apfel** und kocht Kaffee. Wenn der Kaffee fertig ist, schaltet er **sein Notebook** ein. Er checkt seine E-Mails, surft ein wenig **im Internet** und chattet kurz auf Facebook.

2
1: bestellen – 2: vergleiche – 3: Seiten – 4: E-Mail-Adresse – 5: Passwort – 6: Bote – 7: abgestürzt – 8: Tastatur – 9: Bildschirm – 10: Nachrichten – 11: Krimi – 12: Schauspielern – 13: Dokumentation

3
1. löschen – 2. blättern – 3 surfen – 4. klicken – 5. fahren – 6. essen – 7. tauschen – 8. chatten

4
ein angenehmes/spannendes/privates Gespräch, eine spannende/neue/alte Dokumentation, ein neuer/alter Computer, eine alte/angenehme Gewohnheit

5
Karin geht jeden Morgen ins Internetcafé. Sie öffnet ihr Postfach, checkt ihre E-Mails und löscht die Werbenachrichten. Ihr Freund wartet auf Nachrichten von ihr. Sie klickt mit der Maus auf „Skype“. Das Gespräch mit ihm dauert lange. Deshalb kommt Karin regelmäßig zu spät zur Arbeit.

6
1. Damit ich gleichzeitig spielen, arbeiten und Musik hören kann. 2. Damit ich zusammen mit meinen Freunden spielen kann. 3. Damit ich nicht das langweilige Fernsehprogramm sehen muss. 4. Damit der Kaffee aus der Küche kommen kann. 5. Damit wir zusammen singen können.

7
2b: Damit ihr dort die Wäsche aufhängen könnt.
3f: Damit ihr im Sommer grillen könnt.
4c: Damit ihr zum Telefonieren nicht aufstehen müsst. 5e: Damit ihr Wasser spart.
6a: Damit ihr zu Hause großes Kino habt.

8
Man kann beim Bügeln fernsehen. Man kann beim Telefonieren (nicht) die E-Mails checken. / Man kann beim Internetsurfen essen. / Man kann beim Joggen Musik hören. /
Man kann beim Fernsehen nicht lernen. / Man kann beim Essen (nicht) chatten.

9
1. Lesen, Schreiben – 2. Kochen 3. Sprechen – 4. Runterladen – 5. Mitnehmen

10
A 1. Welchen – 2. welchen – 3. welches – 4. welchen – 5. welcher – 6. welche
B 1. welchem – 2. welchem – 3. welcher – 4. welchem – 5. welchen

11
a) 1b – 2b – 3a – 4b
b) Dietmar Schönherr, Wolfgang Völz
c) Hertha Feiler, Lieselotte Pulver

12
A – Talkshow, B – Quiz, C – Nachrichten

13
1. BSI informiert über Gefahren im Internet.
2. 1. nein 2. ja 3. nein 4. ja 5. ja
3. Computer, Website, Hobby, Computerfans, E-Mails, Internet

14 *Vorschlag:*
[...] Ich möchte lieber die Tier- Dokumentation sehen.
Oliver: Hm, eine Dokumentation. Die sind ja immer etwas langweilig.
Carmen: Aber es geht um Ameisen. Die findest du doch auch spannend?
Oliver: Das stimmt. Ameisen sind sehr interes-

sante Tiere ... und sieh mal, später kommt noch ein Thriller von Hitchcock.
Carmen: Ah ja, die Vögel. Stimmt, der ist toll.
Oliver: Super, dann gucken wir erst die Dokumentation und dann den Thriller. Ich mach noch schnell das Popcorn.
Carmen: Oh ja – ich freu mich auf den Abend!

15
Frau Fächner: Ich denke, dass Kinder keine Handys brauchen. Wen sollen sie (denn) anrufen? Außerdem klingeln die Handys im Unterricht. Das ist schrecklich! Die Eltern sollen ihren Kindern lieber mehr Bücher kaufen.
Herr Kriegel: Ich glaube, dass die Kinder die modernen Medien kennenlernen müssen. Wenn sie ein Handy haben, lernen sie den Umgang mit der Technik. / Aber er es ist auch wichtig, dass die Eltern und die Schule mit ihnen mehr über das Themen sprechen. Aber in der Schule muss es ein Handyverbot geben. / Aber in der Schule muss man Handys verbieten.
Frau Kröger: Ich arbeite und muss meine Kinder erreichen können. Ein Handy kann auch wichtig sein, wenn etwas passiert. Dann können die Kinder (schnell) die Polizei oder die Feuerwehr rufen.

9 Sind Sie gesund?

1
Berufe: der Arzt/die Ärztin, der/die Krankenpfleger/in, die Sprechstundenhilfe
Wenn man krank ist: hat man Fieber; hat man Schmerzen, hustet man, hat man Schnupfen, hat man viel Durst, liegt man im Bett
Das macht der Arzt/die Ärztin: die Nebenwirkungen beschreiben, sich das Impfbuch ansehen, ein Medikament verschreiben
Das braucht man im Krankenhaus: das Kleingeld, der Kamm, die Zahnpasta, die Seife, die Hausschuhe, der Bademantel, der Schlafanzug

2
1: gestresst – 2: Schlaf – 3: Mittagspause – 4: Kantine – 5: Kraft – 6: gehustet – 7: Fieber – 8: Angst – 9: Krankenhaus – 10: Röntgenbild – 11: Medikamente – 12: erlebt – 13: verzweifelt – 14: Mut – 15: gut – 16: gesund – 17: zum Glück

3
Man schätzt, dass in D A CH ca. 400.000 Menschen vom Glückspiel **abhängig** sind. Zuerst ist das **Spielen** nur eine **Leidenschaft**. Wenn man verliert, ist das eine **Herausforderung**. Man spielt immer öfter, zum Beispiel **würfelt** man die ganze Nacht oder man sitzt stundenlang an einem Automaten. Man verliert oft Tausende von **Euro** und hat immer mehr **Schulden**. Aber man spielt weiter, weil man glaubt, dass man sein Geld mit dem nächsten Spiel zurückgewinnen kann, und das **motiviert** sehr. Aber mit jedem Spiel verändert man sich langsam ein bisschen mehr und kann bald nicht mehr **aufhören**. Dann ist das Spielen eine Sucht. Und Spielsucht ist eine **Krankheit**.Wenn der Spieler oder die Spielerin das erkannt hat, kann man ihm oder ihr auch **helfen**.

4
1. Ich habe an einem Gesundheitsprogramm von meiner Krankenkasse teilgenommen.
2. Zuerst hatte ich ein wenig Angst, aber meine Freunde haben mir Mut gemacht.
3. Dann habe ich mich angemeldet.
4. Der Trainer hat uns immer wieder motiviert, er war sehr nett.
5. Das Programm hat vier Tage gedauert.
6. Wir konnten unseren Trainingsrhythmus selbst bestimmen.
7. Das hat der Gesundheit sicher gutgetan.

5
a) 1. leben – 2. haben – 3. arbeiten – 4. gehen – 5. geben – 6. kommen – 7. bleiben – 8. sein – 9. sollen – 10. wollen – 11. müssen – 12. wissen

b) *Vorschlag:*
Pedro ging gestern schon um halb sechs zur Arbeit. Er gab den Patienten das Essen, aber als er (selbst) essen wollte, hatte er keine Zeit. Er blieb bis 19 Uhr im Krankenhaus. Als er (endlich) nach Hause kam, wollte er seine Tür aufmachen, aber er wusste nicht, wo der Schlüssel war.

6
1: kam – 2: war – 3: hatte – 4: arbeitete – 5: blieb – 6: hatte – 7: wollte – 8: lebte – 9: kam – 10: bekam –11: wusste – 12: gab – 13: musste – 14: war

7 *Vorschlag:*
Wann ging Jamilla nach Deutschland? Woher kam sie? Wer kam mit ihr mit?
Warum blieben sie nicht in Afghanistan? Welche Berufe hatten Jamilla, ihr Mann und ihre Töch-

ter zu Hause? Was wollte die Familie in Deutschland zuerst machen? Was waren ihre Ziele? Wann und wie haben sie sie erreicht? Wie waren ihre Prüfungsergebnisse?

8
sollte – sollten – solltet – sollten – sollte

9
a) ich wollte, du wolltest, er wollte, wir wollten, ihr wolltet, sie wollten
b) ich konnte, du konntest, er konnte, wir konnten, ihr konntet, sie konnten
c) ich musste, du musstest, er musste, wir mussten, ihr musstet, sie mussten
d) ich durfte, du durftest, er durfte, wir durften, ihr durftet, sie durften

10
a) 1C – 2B – 3A
b) *Vorschläge:*
Ja, wenn man darüber spricht, was der oder die andere will und kann.
Nein, wenn man selbst schon nach fünf Stunden oder erst nach acht Stunden munter ist, hat man ein anderes Schlafbedürfnis. Das hängt auch von der Schlafqualität ab.
Ja, wenn man vorher genug Wasser getrunken hat, das nicht aus dem Kühlschrank kommt.
c) *richtig:* 1, 3, 5 *falsch:* 2, 4, 6

12
Seine Mutter war zum Glück zu Hause. /
Zum Glück war seine Mutter zu Hause.
Denn plötzlich kam ein Junge an die Tür und hat gesagt, dass Daniel auf dem Weg ins Krankenhaus ist.
Seine Mutter konnte sich zuerst vor Schock gar nicht bewegen./Zuerst konnte sich die Mutter vor Schock gar nicht bewegen.
Dann ist sie schnell die Treppe heruntergelaufen– ohne Mantel und noch in Hausschuhen!
Als sie es bemerkte, kam sie schnell zurück und hat sich richtig angezogen.
[...] Sie kaufte deshalb zwei Kilo Orangen und fuhr dann mit dem Bus zum Krankenhaus. /
Deshalb kaufte sie ...
Aber schon in Daniels Zimmer dachte sie: „Was habe ich da nur mitgebracht? Orangen! Die braucht er jetzt doch wirklich am wenigsten. [...]
Schließlich hat sie Daniel einen Schlafanzug, Hausschuhe und Unterwäsche mitgebracht.
Und Daniel konnte schon eine Woche später wieder nach Hause.

13 *Individuelle Lösung*

10 Feste feiern

1
1. Tag der Arbeit: 1. Mai, 2. Tag der Deutschen Einheit: 3. Oktober / Nationalfeiertag
A: 26. Oktober / CH: 1. August, 4. Allerheiligen: 1. November 5. Ostern: März/April, 6. Pfingsten: Juni, 7. Tag der Heiligen drei Könige: 6. Januar, 8. Weihnachten: 25–26. Dezember

2
2. Musiker – 3. Zuschauer – 4. Halle – 5. beliebt – 6. Stand – 7. Hochzeit – 8. Einladung – 9. Gäste – 10. verkleiden – 11. Geruch – 12. Friedhof/Grab

3
a5 – b7 – c6 – d2 – e3 – f4 – g1

4
a) 1. Mitternacht – 2. intensiv – 3. Zentrum – 4. die Hälfte – 5. sich amüsieren – 6. etwas probieren

b) 1. entspannt sein – 2. sich langweilen – 3. suchen – 4. enden

5
die Tänzer, die Feste, die Gräber, die Friedhöfe, die Gäste, die Stände

6
1. fülle – 2. fühlst – 3. fühlen – 4. füllen

7
1: der (N) – 2: den (A) – 3: der (N) – 4: den (A) – 5: das (A) – 6: der (N) – 7: der (N)

8
1. Auf der Bühne tritt ein berühmter Tänzer auf, den wir extra gebucht haben.
2. Hier spielen die Musiker, die aus Kuba kommen.
3. Sie spielen Salsa, die vielen Besuchern gefällt.
4. Das ist der größte Teil der Halle, den wir in einen Zuschauerraum verwandeln.
5. Später stehen draußen die Stände, die wir noch aufbauen müssen.
6. Es gibt ein ganzes Lamm, das wir im Hof grillen.
7. Morgen verschicken wir 300 Einladungen, die wir noch in die Umschläge stecken müssen.

9

1. Wir mieten das Restaurant, das uns den besten Preis angeboten hat.
2. Zur Hochzeit laden wir die Leute ein, die wir mögen.
3. Wir wollen (die) Musik spielen, die leise im Hintergrund laufen kann.
4. Wir bestellen die Torte, die vier Etagen hat.

10

1. Findest du das Bier, das man am Stand kaufen kann, lecker?
2. Findest du den Gast, der später gekommen ist, sympathisch?
3. Schmeckt der Käse, den du probiert hast, sehr intensiv?
4. Hat der Tänzer, der am Anfang aufgetreten ist, gut getanzt?

11

1. mir – zugehört 2. Gefällt ihm 3. Schmeckt dir 4. schenkt/ihr

12

A2 – B3 – C1

13

a) 1. Juliana und Farjad – 2. Weil sie so diesen Tag besser freihalten kann. – 3. Sie muss in ihrem Job viel reisen. – 4. Aus Kolumbien.

b) 1. ja – 2. ja – 3. steht nicht im Text – 4. steht nicht im Text – 5. nein – 6. ja – 7. nein

14 *Vorschlag:*

ihr wollt nächstes Jahr umziehen? Natürlich helfe ich euch, aber bitte sagt mir bald, an welchem Tag der Umzug ist. Dann kann ich ihn einplanen. Was macht ihr Silvester? Ich feiere mit ein paar Freunden und freue mich, wenn ihr auch kommt.
Ein frohes Weihnachtsfest wünscht euch
(Name)

15 *Vorschlag:*

Liebe Mama,
vielen Dank für deinen letzten Brief, ich habe mich sehr gefreut. Ich war jetzt zum ersten Mal in der Weihnachtszeit bei Julianas Familie. Das war wunderschön. Wir sind zum Weihnachtsmarkt gegangen und haben dort noch letzte Geschenke gekauft. Dann haben wir einen Weihnachtsbaum geschmückt und Kerzen angezündet. Am 24. Dezember haben wir Weihnachtslieder gesungen und die Geschenke ausgepackt. Am 25. Dezember gab es eine Weihnachtsgans, die mit Äpfeln gefüllt war – sehr lecker! Weihnachten feiert man hier sehr ruhig und gemütlich. Ich vermisse dich. Liebe Grüße
Dein Farjad

16

Geburtstag: 2, 3 / Hochzeit: 1 / Silvester: 4

17 *Vorschlag:*

Hallo, hier ist ..., du hattest vor drei Tagen Geburtstag! Entschuldige, dass ich erst jetzt anrufe. (Ich war nicht da/krank / Ich habe es leider vergessen.) Aber heute möchte ich dir nachträglich zu deinem Geburtstag gratulieren und alles Gute wünschen!

18

Früher musste ich an meinem Geburtstag mein bestes Kleid anziehen und durfte mich nicht schmutzig machen. Ich musste ein Gedicht aufsagen und das Fest war vor allem für meine Eltern und Verwandten schön.
Heute kann meine Tochter ihre Freunde einladen. Sie spielen viele Spiele, es gibt ihr Lieblingsessen und alle Kinder haben viel Spaß.

Fit im Alltag 3

1

1. der Verband – 2. der Hustensaft – 3. das Pflaster – 4. die Tabletten– 5. die Ohrentropfen – 6. die Zäpfchen – 7. die Salbe – 8. das Fieberthermometer

2

1: Fieberthermometer – 2: Pflaster – 3: Zäpfchen – 4: Ohrentropfen – 5: Salbe – 6: Verband

3

A: 2 – 5 – 8 – 9 / B: 1 – 3 – 4 – 6 – 7

4

1A – 2D – 3B – 4C

11 Alles ganz menschlich

1 *Vorschläge:*

Bild A: frech, offen, fröhlich, unabhängig, selbstbewusst, direkt
Bild B: klug, besorgt, gerecht, fleißig
Bild C: schön, fröhlich, ängstlich, besorgt, treu, spontan
Bild D: fleißig, ordentlich, aggressiv, ehrlich, gerecht, ängstlich (der Junge)

2
a) 2. die Unabhängigkeit 3. die Überraschung 4. das Geheimnis 5. die Eigenschaft 6. die Möglichkeit 7. die Beleidigung 8. die Entscheidung 9. die Stimmung
b) 2. fleißig 3. ähnlich 4. ehrgeizig 5. egoistisch 6. aggressiv 7. hektisch 8. ehrlich 9. ordentlich 10. komisch 11. geduldig 12. gemütlich

3
a) 1e – 2b – 3f – 4a – 5d – 6g – 7c

b) *Vorschläge:*
Ich muss jetzt endlich eine Entscheidung treffen. / Natürlich nehme ich dich ernst. / Ich habe die Aufgabe gut gelöst. / Ja, ich bin einverstanden. / Ich veröffentliche bald ein Buch. / Ich hoffe, ich mache einen gepflegten Eindruck.

4
a) nervös = 3; offen = 4; abhauen = 6; schimpfen = 5; sich mit jemanden gut verstehen = 1; Das stimmt = 3

b) selbstbewusst ≠ 5; sich aufregen ≠ 1; unbekannt ≠ 2; Spaß haben ≠ 3; weinen ≠ 6; klug ≠ 4 sich ärgern ≠ 7

5
2: ehrlicher – 3: lügt – 4: lächeln – 5: einverstanden – 6: Sternzeichen – 7: offen/direkt – 8: offen/direkt – 9: aggressiv – 10: stimmt

6
a) 1c – 2b – 3d – 4a
b) 1. jeder 2. jemand 3. viele 4. niemand, jemand 5. jemand

7
a) 1: netten – 2: jungen – 3: kleines – 4: lauten – 5: schönen – 6: bekannter

b) 2. Was für ein Student ist er? – Er ist Musikstudent.
3. Was für ein Instrument spielt er? – Er spielt Gitarre.
4. In was für einer Band spielt er? – In einer lauten Band / In einer Rock-Band.
5. Was für einen Traum hat er? – Er möchte einmal ein bekannter Musiker sein.

8
1: auf – 2: auf – 3: mit – 4: über – 5: auf – 6: / über – 7: über – 8: über – 9: für – 10: von

9
1. Worauf – 2. Warum – 3. Warum – 4. Wann – 5. Wie
Antworten: Auf die neue Wohnung und auf die Freiheit. / Weil sie sich nicht oft über René ärgern müssen. / Weil er unabhängig sein möchte und seine eigene Meinung haben möchte. / Wenn sich seine Eltern aufregen. / Sie geben ihm Geld oder einen guten Rat.

10
1. Wein – 2. Komm rein – 3. seid ruhig – 4. habt keine Angst – 5. schreibt die Aufgaben auf – 6. Geht bitte ruhig raus.

11
Anzeige C

12
a) Für den ersten Eindruck gibt es keine 2. Chance

b) 1. Zeilen 3-5; 2. Zeilen 9-10; 3. Zeile 2; 4. Zeilen 12 – 15; 5. Zeile 12; 6. Zeile 7; 7. Zeile 15
Reihenfolge: 2 – 4 – 1 – 6 – 5 – 3 – 7

13
1c – 2a – 3b

14 *Vorschlag:*
Sehr geehrte Damen und Herren,
ich möchte mich zu Ihrem Seminar „Für den ersten Eindruck gibt es keine 2. Chance“ anmelden. Aber ich hätte gern noch einige Informationen. Wo und zu welcher Zeit findet das Seminar statt und wie lange geht es? Wie teuer ist / Was kostet die Teilnahme?
Mit freundlichen Grüßen,

15 *Vorschlag:*
Hallo, lieber/liebe ...,
ich habe mich sehr über deine Nachricht gefreut. Es ist sehr schön, dass du dich für Horoskope interessierst. Ich habe sogar schon zwei Bücher zu diesem Thema veröffentlicht. Was kann ich über meinen Charakter sagen? Ich bin ..., ... und .... und finde dein Sternzeichen sehr interessant. Ich mag dynamische, starke und selbstbewusste Menschen. Vielleicht sollten wir mal telefonieren? Was meinst du? Ich freue mich auf deine Antwort.
Herzliche Grüße

12 Stadt und Land

1

Auf dem Land:
Landschaft: die Berge, das Feld, der Fluss, die Natur, der Wald, die Wiese
Tiere: das Huhn, die Katze, die Kuh, das Pferd, das Schwein, der Vogel
Am Meer: das Boot, die Natur, der Fischer, die Küste
In der Stadt:
Verkehr: das Boot, der Bus, der Lärm, der Stau, die Straßenbahn, die U-Bahn,
Gebäude: die Hochhäuser, die Sehenswürdigkeiten, die Universität

2

1. das Hochhaus 2. der Strandkorb 3. die Umwelt 4. die Großstadt 5. das Landleben 6. der Bauernhof 7. der Stadtmensch 8. die Nordsee

3

viele Bäume, viele Blätter, viele Flüsse, viele Zäune, viele Kühe, viele Hühner, viele Strandkörbe, viele Läden
Alle Pluralformen haben einen Umlaut.

4

a) Die Bauern haben im Herbst viel zu tun, wenn sie Obst und Gemüse ernten müssen.
Viele Familien sind aufs Land gezogen, damit ihre Kinder draußen spielen können und die Natur erleben
Christine Beck hat ein Weingut übernommen, weil schon ihr Vater Weinbauer war.
Junge Leute bleiben lieber in der Stadt, weil sie dort mehr Ausbildungs- und Freizeitmöglichkeiten haben.
Die Fischer fahren auf die See hinaus, auch wenn das Wetter nicht so gut ist, weil sie Geld verdienen müssen.

5

junge (N) – ältere (N) – großen (D) – tägliche (A) – wöchentliche (A) – begeisterte (A) – netten (D) – leckeres (A) – frisches (A) – kleine (A) – gesundem (D) – riesige (A)

6

1. *Nominativ:* feine Wurst – leckere Gurken – teurer Fisch
Dativ: frischem – feiner Wurst – leckeren Gurken – teurem Fisch
Akkusativ: frischen – feine – leckere – teuren
2. *Nominativ:* kaltes – guter Wein – frische Milch
Dativ: gutem Wein – frischer Milch
Akkusativ: kaltes – guten Wein – frische Milch
3. *Nominativ:* rote – frische Pilze – gelber Paprika ist – grüne Bohnen
Dativ: roten – frischen Pilzen – gelbem Paprika – grünen Bohnen
Akkusativ: frische Pilze – gelben Paprika – grüne Bohnen

7

Viele trinken echten Kaffee.
Viele verkaufen frisches Obst, echten Kaffee, fetten Fisch, leckeres Gemüse.
Viele ernten frisches Obst, leckeres Gemüse.
Die Bauern trinken echten Kaffee.
Die Bauern verkaufen frisches Obst, leckeres Gemüse.
Die Fischer trinken echten Kaffee.
Die Fischer verkaufen fetten Fisch.
Brasilianer ernten/verkaufen frisches Obst, leckeres Gemüse.
Brasilianer trinken/verkaufen echten Kaffee.

8

1: in großen Städten – 2: kleine Orte – 3: guten Firmen – 4: große Städte – 5: gute Seiten. – 6: bessere Jobmöglichkeiten – 7: kleine Kinder 8: saubere Luft – 9: ein wichtiges Argument – 10: eine große Auswahl – 11: eine schwere Entscheidung – 12: Guter Rat – 13: interessante Kultur- und Freizeitangebote – 14: ein schönes Haus – 15: in einer netten Vorstadt – 16: Tolle Idee

9

Nominativ: Ach, dieser Strand, dieses Meer, diese Küste, diese Strandkörbe, dieses Land!
Dativ: Wie romantisch ist es hier, an diesem Strand, diesem Meer, dieser Küste, in diesen Strandkörben, in diesem Land!
Akkusativ: Im nächsten Jahr kommen wir unbedingt an diesen Strand, dieses Meer, diese Küste, in diese Strandkörbe, in dieses Land zurück!

10

1: dieser – 2: dieser – 3: diesem – 4: diesem – 5: diesem – 6: diesem – 7: diesen – 8: diese

11

1e Diese – 2c diesem – 3d Diesem – 4b Dieses – 5a Diese

12

1 Katja wohnte auf dem Land. / 2. Mit 21 ist sie nach Berlin gefahren. / 3. Sie studiert heute hier an der Universität. / 4. Sie wohnt in einer Wohngemeinschaft. / 5. Sie ärgert sich oft über die

Großstadthektik. / 6. Aber sie freut sich über tolle Cafés und Bars.

13
b) 1b – 2c – 3b – 4b – 5c – 6a

14
Ferienhaus, Garten, Waschmaschine, Kamin, Fluss/See, Trockner, Grill, Geschirrspüler

15 *Vorschlag:*
Sehr geehrte Frau Ehrit,
wir möchten Ihr Ferienhaus vom 01.07. bis zum 31.07. mieten. Wir sind fünf Personen: drei Erwachsene und zwei kleine Kinder. Wir fahren gern Fahrrad, vermieten Sie auch welche? Bitte schreiben Sie uns, wenn das Haus im Juli noch frei ist. Wir freuen uns auf Ihre Antwort.
Mit freundlichen Grüßen

16
b) 1. Ferienhaus Stella / 2. 500 Euro bis zum 01.06. und den Rest (1.500 Euro) bis zum 25.06.

13 Immer wieder Schule

1
1. Turnhalle – 2. Stundenplan – 3. Hausaufgaben – 4. Klassenarbeit – 5. Elternabend – 6. Elternbeirat

2
1. Prüfungsziel – 2. Prüfungstermine – 3. Prüfungsfach – 4. Prüfungsangst – 5. Prüfungsergebnisse

3
2. Sie heißt Schuluniform – 3. Das ist die Klassenfahrt. – 4. Das nennt man das Lieblingsfach. 5. Das ist eine Wahl. – 6. Dann hat man einen Schulabschluss.

4
1: damals – 2: Schultüte – 3: blau – 4: unbedingt, – 5: werde – 6: Unterricht – 7: Schultag – 8: Lehrerin – 9: Klassenzimmer – 10: Zensuren – 11: Leistungen – 12: Lehrer – 13: unterrichte

5
1. werde – 2. wirst – 3. wird – 4. werden – 5. werdet, werden

6
Wenn ich eine Prüfung habe, werde ich nervös.
Wenn ich zu lange lerne, werde ich müde.
Wenn ich in der Prüfung Erfolg habe, werde ich glücklich. Wenn ich keinen Erfolg habe, werde ich traurig.

7
1. Max hat nie fleißig gelernt, trotzdem hatte er gute Noten.
2. Er hat im Unterricht nicht aufgepasst, trotzdem konnte er immer alles.
3. Er konnte nie still sitzen und sich nicht konzentrieren, trotzdem hatte er tolle Ideen.
4. Er war frech, trotzdem hatten ihn alle gern.
5. Heute ist Max Universitätsprofessor, trotzdem ist er fast noch genauso wie früher.

8
Ich – alle – unserer – Sie – groß – laute – strenge – gerecht – ihren – ihr – sie – uns – ihrem – sie – ihn – richtiges – wir – sie – uns – schwere – sie – meine – es – ihnen – ganze – ihrer – ihren – eigenen – ihr – ihr

9
1: mir – 2: dir – 3: ihn – 4: ihm – 5: ihr – 6: dir – 7: sie – 8: ihn – 9: Ihnen – 10: mir – 11: uns – 12: Ihnen – 13: uns – 14: ihn

10
1c – 2k – 3b- 4l – 5j – 6a – 7d – 8i – 9h – 10e – 11o – 12g – 13m – 14f – 15n

11
1. b – 2. a – 3. b – 4 b – 5. b

12
1. Diana will „Lernen im Schlaf" / das Lernprogramm ausprobieren.
2. Rainer glaubt, dass „Lernen im Schlaf" nicht funktioniert, denn für eine neue Sprache muss man lernen.
3. Lukas war vor Prüfungen nicht so nervös, weil er ein Buch unter das Kissen gelegt hat.
4. Als Adalbert „Lernen im Schlaf" ausprobiert hat, konnte er nicht mehr richtig/gut schlafen.

13
Mutter: 3 – 10 – 7 – 1 – 9 – 4
Lehrer: 2 – 5 – 6 – 12 – 11 – 8

14 *Vorschlag:*
(Ort, Datum)
Sehr geehrte Frau ... / Sehr geehrter Herr ...,
meine Tochter, Milena Schneider, hat ein Erkältung und muss drei Tage zu Hause bleiben.
Könnten Sie die aktuellen Arbeitsbätter Milenas Freundin Susana mitgeben?
Vielen Dank für Ihre Unterstützung.
Mit freundlichen Grüßen
(Name)

15 *Vorschlag:*
- Ich finde, die Schuluniform ist gut für die Konzentration im Unterricht.
- Ja, das kann natürlich sein, aber sie ist schlecht für die Individualität. (Alle sehen gleich aus.)
- In der Schule sollen die Kinder lernen und nicht nur auf die Kleidung achten.
- Aber sie sollen einen eigenen Geschmack bekommen.
- Viele Kinder tragen so nur teure Marken.
- Aber wer kauft diese Sachen? Das sind doch die Eltern!
- Ich bin sicher, dass die Leistungen mit der Uniform besser sind.
- Zu diesem Thema gibt es keine Statistiken.

14 Stärken und Schwächen

1
1. schüchtern – 2. sich merken, selbstbewusst – 3. auswendig, fleißig – 4. Bewerbungen, Absagen, klappt – 5. aussprechen – 6. auf einmal, gründlich

2
1 an dem Seminar teilnehmen, ein Seminar organisieren, ein Seminar veranstalten, ein Seminar besprechen, sich auf das Seminar konzentrieren, sich auf das Seminar vorbereiten
2 auf der Bühne auftreten, sich auf der Bühne konzentrieren, sich auf die Bühne vorbereiten
3 sich auf die Bewerbung vorbereiten, die Bewerbung schreiben, die Bewerbung besprechen, sich auf die Bewerbung konzentrieren, die Bewerbung abschicken

3
a) 1D – 2B – 3F – 4C – 5A – 6E

b) *Vorschlag:*
... Deshalb macht Pavel einen Zeitplan, wann er heute bügeln und seine Papiere sortieren will. Dann geht er los, denn er muss Ordner kaufen. Unterwegs trifft er einen Bekannten, der ihn fragt, ob er mit in eine Ausstellung gehen will. Pavel sieht sich die Ausstellung an, aber sie ist langweilig und als Pavel wieder zu Hause ist, ist er total erschöpft. Der Wäschekorb ist immer noch voll und die Papiere liegen auch noch auf dem Schreibtisch.

4 *Vorschlag:*
Ich sehe mir den Film am Wochenende an.
Ich stelle mir den neuen Job nicht schwer vor.
Ich kann mir Namen gut merken.

5
1: mir (P) – 2: dir (P) – 3: dir (R) – 4: mir (P) – 5: mich (R) – 6: mir (R) – 7: dir (P) – 8: mich (R) – 9: mich (P) – 10: dir (P) – 11: mich (R) – 12: mich (P) – 13 mir (P) – 14: mich (R)

6
1. Jeder von uns hat Charaktereigenschaften, die uns nicht so gut gefallen.
2. Wir mögen es oft nicht, wenn wir schüchtern sind.
3. Wir sagen unsere Meinung nicht und lächeln. zu viel.
4. Manche reden den ganzen Tag, aber sagen eigentlich nichts.
5. Das tun wir, weil wir unsicher sind.
6. Aber Unsicherheit ist ganz menschlich oder was denken Sie?

7
1: dass – 2: aber – 3: denn – 4: damit – 5: als – 6: dass 7: dass – 8: die 9: ob – 10: und 11: denn – 12: aber

8 *Vorschlag:*
1. Momo ist ein kleines Mädchen, das nicht viel Geld, aber viele Freunde hat. Sie lebt in einem alten Amphitheater.
2. Momo kann besonders gut zuhören.
3. Die „Grauen Herren" wollen, dass die Menschen ihre Zeit sparen.
4. Die Menschen haben keine Zeit mehr und ihr Leben wird immer hektischer und trauriger.
5. „Momo" gibt es auch als Hörbuch (CD), als Filme (Zeichentrick- und Spielfilm) und sogar als Oper.
6. Michael Ende ist aus Garmisch, das liegt in Deutschland, an der Grenze zu Österreich.

9
b) 1 – 4 – 5 – 6 – 7 – 8 – 9 – 10

10

b) *Vorschläge:*
Es ist gut, wenn ein/e Erzieher/in gern mit vielen Menschen redet, flexibel ist und gern etwas Neues ausprobiert, aber schlecht, wenn er oder sie langsam, gründlich und genau ist.
Es ist gut, wenn ein/e Elektriker/in gründlich und genau arbeitet und Zeitpläne einhält, aber es kann gefährlich ein, wenn er oder sie schnell arbeitet.
Es ist gut, wenn ein/e Manager/in flexibel ist und Pläne auch mal spontan ändern kann und wenn er oder sie gern mit Menschen redet und Neues ausprobiert, aber schlecht, wenn er oder

sie langsam ist und zu genau und gründlich.
Es ist gut, wenn ein Bodyguard pünktlich ist und Zeitpläne einhält, aber schlecht, wenn er oder sie gerne mit vielen Menschen redet und es kann gefährlich sein, wenn er oder sie Neues ausprobiert.
Es ist gut, wenn ein/e Busfahrer/in pünktlich ist, Zeitpläne einhält und gerne mit vielen Menschen redet, aber schlecht, wenn er oder sie spontan Pläne ändert oder Neues ausprobiert.

11

- Ist das Wetter nicht fantastisch?
- Das stimmt, die Sonne scheint und es ist sehr schön.
- Mögen Sie auch keinen Regen?
- Oh doch, aber nur, wenn man gemütlich zu Hause ist.
- Ja, Sie haben Recht, ich kann zum Beispiel bei Wind nicht gut schlafen.
- Genau, mir macht der Wind sogar Angst.
- Letztes Jahr hatten wir im Sommer einen starken Sturm.
- Ja, genau, es gab viele Unfälle.
- Hoffentlich bekommen wir in diesem Sommer keinen Sturm.
- Haben Sie einen Garten?
- Nein, aber ich habe viele Blumen auf dem Balkon.
- Ich habe einen. Ein Sturm ist ganz schlecht für den Garten.
- Viele Blumen sind nach dem Sturm kaputt.
- Wollen wir auf gutes Wetter trinken?
- Prost!

Fit im Alltag 4

1

a) Fernverkehr: BahnCard, Bordkarte, Zugticket
Nahverkehr: Streifenkarte, Monatskarte, Semesterticket
b) 1. die Streifenkarte, Einzelfahrschein
2. Bordkarte 3. BahnCard 4. Semesterticket
5. Monatskarte

2

richtig: 1 und 3
falsch: 2

3

a5 – b3 – c2 – d1 – e4

7 **Fragen im Präteritum formulieren. Schreiben Sie Fragen zum Text: *Wann, Woher, Wer, Warum, Welche, Was, Wie*?**

Jamilla ging 2003 nach Deutschland. Sie kam aus Afghanistan. In ihrer Heimat war Krieg und deshalb blieb sie nicht dort. Ihre Familie – zwei Töchter und ihr Mann – kamen mit ihr mit. Zu Hause arbeiteten Jamilla und ihr Mann als Grundschullehrer, ihre Töchter waren dort Ärztinnen. In Deutschland wollte die Familie zuerst Deutsch lernen, denn alle wollten bald wieder in ihren Berufen arbeiten. Nach fünf Jahren konnten sie ihr Ziel erreichen. Zuerst mussten sie nach dem Deutschkurs noch Prüfungen in ihren Berufen machen, aber sie hatten sehr gute Ergebnisse.

8 **Gute Ratschläge: Wer sollte was tun? Ergänzen Sie das Verb *sollen*.**

Der Chef sagt: „Du, Susanne, solltest vielleicht mutiger sein.

Manfred ______ netter zu den Kunden sein.

Wir ______ mehr über unsere Probleme diskutieren.

Ihr alle ______ mehr Ideen haben.

Alle Kollegen ______ mit mehr Leidenschaft arbeiten.

Und ich? Ich ______ euch mehr unterstützen ☺!"

9 **Wiederholung: Modalverben im Präteritum. Ergänzen Sie.**

a) Wünsche früher: *wollen*

Ich ______ gute Noten haben.
Du ______ tanzen lernen.
Er ______ einen Hund haben.
Wir ______ viele Freunde haben.
Ihr ______ mit uns lernen.
Sie ______ mehr reisen.

b) Möglichkeiten früher: *können*

Ich ______ hoch springen.
Du ______ schnell laufen.
Er ______ schön singen.
Wir ______ lange schlafen.
Ihr ______ kein Deutsch.
Sie ______ nicht sparen.

c) Aufgaben früher: *müssen*

Ich ______ früh aufstehen.
Du ______ viel arbeiten.
Er ______ täglich einkaufen.
Wir ______ pendeln.
Ihr ______ aufräumen.
Sie ______ pünktlich sein.

d) (keine) Verbote: *dürfen*

Ich ______ nicht allein raus.
Du ______ bis 11 Uhr fernsehen.
Er ______ nicht tanzen.
Wir ______ laut Musik hören.
Ihr ______ ins Theater gehen.
Sie ______ Fragen stellen.

Und Sie? Schreiben Sie mit den Sätzen aus Aufgabe 9 einen Text über sich.

Lesen

10 Was ist gesund?

a) Lesen Sie die Texte schnell und ordnen Sie die Überschriften zu.

A) Eiskalte Getränke an kalten Tagen? B) Brauchen wir mindestens 7 Stunden Schlaf?
C) Sport mit dem Partner: Ja oder Nein?

1. ☐ Es kann doch so schön sein: Die Sonne scheint, ein leichter Wind geht, die neuen Laufschuhe passen. Peter atmet tief ein und aus, aber dann hört er das Jammern von hinten: „Nicht so schnell, du wolltest dein Tempo doch anpassen!"
Kennen Sie das auch und haben Sie sich gedacht: „Nie wieder Sport mit meinem Partner!"? Aber gemeinsam Sporttreiben kann viele Vorteile haben. Sie motivieren sich gegenseitig, wenn der innere Schweinehund Sie auf das Sofa locken will. Außerdem tun gemeinsame Interessen jeder Beziehung gut. Wichtig ist aber, dass man vorher darüber spricht, was der oder die andere will und kann, denn häufigste Streitursache sind unterschiedliche Leistungsniveaus und Wünsche.

2. ☐ Zu wenig Schlaf ist schlecht, zu viel Schlaf auch. Das Ergebnis einer neuen Studie der WVU (West Virginia University) sagt: Wer weniger als fünf Stunden oder mehr als neun Stunden schläft, der erhöht das Risiko für Herzkrankheiten. Aber bisher ist viel zu wenig erforscht, welchen Einfluss das angeborene natürliche Schlafbedürfnis hat. Denn es gibt Menschen, die nach fünf Stunden munter und erholt sind und andere, die mindestens acht Stunden brauchen. Am wichtigsten ist aber die Schlafqualität und über die weiß man noch viel zu wenig. Guter Schlaf kann also individuell sehr unterschiedlich sein.

3. ☐ Es ist heiß, der Hals ist trocken – wir haben Durst. Bei Temperaturen über 30 Grad trinken wir automatisch häufiger und das ist gut so, denn der Körper braucht das Wasser, das er in der Hitze verloren hat. Am liebsten trinken wir dann ein eiskaltes Getränk, weil es uns ein Gefühl von Frische bringt. Aber leider funktioniert das nicht. Denn der Körper muss das kalte Getränk im Bauch erwärmen – und das kostet Energie und erhitzt uns wieder. Also besser Wasser trinken, das nicht aus dem Kühlschrank kommt. Wenn Sie davon aber genug trinken (mindestens 1,5 l), dann können sie zwischendurch auch mal zur eiskalten Flasche greifen.

b) Lesen Sie die Texte noch einmal und beantworten Sie die Fragen in den Überschriften mit *wenn*-Sätzen.

Ja, wenn man vorher ...

c) Lesen Sie die Texte noch einmal: richtig oder falsch? Kreuzen Sie an.

	richtig	falsch
1. Zu zweit trainieren Paare regelmäßiger.	☐	☐
2. Alle Menschen brauchen gleich viel Schlaf.	☐	☐
3. Wenn es heiß ist, trinken wir von alleine mehr.	☐	☐
4. Paare streiten beim Sport oft, wenn sie gleich gut sind.	☐	☐
5. Man weiß noch nicht genau, warum Menschen so unterschiedlich schlafen.	☐	☐
6. Eiskalte Getränke kühlen den Körper.	☐	☐

Kommunikation

11 **Sie möchten sich zu einem Fitness-Kurs anmelden. Füllen Sie das Formular aus.**

Teilnehmer/in

Name: ____________ Vorname: ____________

Anschrift

Straße: ____________

Postleitzahl: ____________ Ort: ____________

Telefon: ____________ Handy: ____________

E-Mail: ____________

Ich möchte an folgenden Kursen teilnehmen:

Kung Fu	☐	Bauch spezial	☐	Yoga	☐
Karate	☐	Spinning	☐	Pilates	☐
Kickboxen	☐	BBP Aerobic	☐	Qi Gong	☐

12 **Echt passiert! Eine Geschichte erzählen. Ergänzen Sie die Sätze mit den Elementen rechts. Die Nummern helfen.**

Beispiel: 1: **Am Sonntag** spielte Daniel mit seinen Freunden auf dem Hof.

1. Daniel spielte mit seinen Freunden auf dem Hof. 2: Seine Mutter war zu Hause. 3: Ein Junge kam an die Tür und hat gesagt, dass Daniel auf dem Weg ins Krankenhaus ist. 4: Seine Mutter konnte sich vor Schock gar nicht bewegen. 5: Sie ist schnell die Treppe heruntergelaufen – ohne Mantel und noch in Hausschuhen! 6: Sie bemerkte es, kam schnell zurück und hat sich richtig angezogen. 7: Sie hat gedacht: „Wenn jemand im Krankenhaus liegt, braucht er Obst!“ 8: Sie kaufte zwei Kilo Orangen und fuhr mit dem Bus zum Krankenhaus. 9: Aber in Daniels Zimmer dachte sie: „Was habe ich da nur mitgebracht? Orangen! Die braucht er jetzt am wenigsten. Das muss der Schock sein“. 10: Sie hat Daniel einen Schlafanzug, Hausschuhe und Unterwäsche mitgebracht. 11: Und Daniel konnte eine Woche später wieder nach Hause.

1 am Sonntag
2 zum Glück
3 denn, plötzlich
4 zuerst
5 dann
6 als
7 auf der Straße
8 deshalb, dann
9 schon, doch wirklich
10 schließlich
11 schon

13 **Früher und heute. Vergleichen Sie und machen Sie Stichpunkte. Dann schreiben Sie einen Text.**

wo leben?
Arbeit/Ausbildung?
mit wem leben?
bester Freund/beste Freundin?
Freizeit?

2000	2012

Wortschatz

1 Feste im Jahr. Ordnen Sie die Festtage in die Grafik ein.

1. Tag der Arbeit
2. Tag der Deutschen Einheit /
3. Nationalfeiertag (A oder CH)
4. Allerheiligen
5. Ostern
6. Pfingsten
7. Tag der Heiligen drei Könige
8. Weihnachten

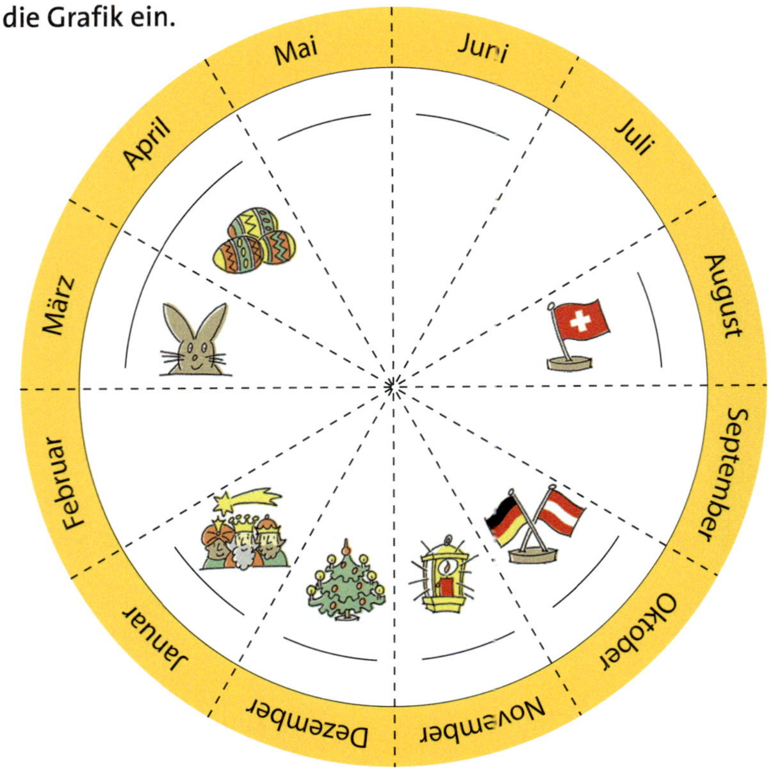

Zeichnen Sie eine Grafik für Ihre persönlichen Feiertage: Geburtstage, Hochzeitstag, Namenstag ...

2 Wörter raten. Ergänzen Sie.

1. Eine Frau, die tanzt ist eine [T][Ä][N][Z][E][R][I][N].
2. Ein Mann, der mit Musik Geld verdient, ist ein ☐☐☐☐☐☐☐.
3. Wie viele [Z]☐☐☐☐☐☐☐☐ waren gestern im Theater?
4. Das Wetter ist so schlecht, wir legen das Fest in die große ☐☐☐☐☐.
5. Alle mögen ihn. Er ist sehr ☐☐☐☐☐☐☐.
6. Sie hat einen [S]☐☐☐☐ gemietet und verkauft Brötchen und Kaffee.
7. Sara und Tom heiraten. Die ☐☐☐☐☐☐☐☐ ist nächsten Samstag.
8. Hast du auch eine ☐☐☐☐☐☐☐☐☐ bekommen? Gehst du hin?
9. Alle sind schon da. Begrüßt du die ☐☐☐☐☐?
10. Zum Karneval ☐☐☐☐☐☐☐☐☐☐ wir uns als Clown und Königin.
11. Wie riecht es denn hier? Was ist das für ein ☐☐☐☐☐☐?
12. An Allerheiligen gehen wir auf den ☐☐☐☐☐☐☐☐ und legen Blumen auf das ☐☐☐☐.

3 Welches Wort passt? Ordnen Sie zu.

a) schwitzen = ☐
b) die Ringe = ☐
c) das Geschenk = ☐
d) das Paar = ☐
e) das Feuer = ☐
f) begeistert sein = ☐
g) sich küssen = ☐

4 Ähnlichkeiten und Gegensätze.

a) Welches Wort ist (fast) gleich? Ergänzen Sie.

1. 24 Uhr = ______
2. stark (riechen, schmecken) = ______
3. Stadtmitte = ______
4. 50 Prozent = ______
5. viel Spaß haben = ______
6. etwas zum ersten Mal essen = ______

b) Welches Wort hat eine ganz andere Bedeutung? Ergänzen Sie.

1. nervös sein ≠ ______
2. sich amüsieren ≠ ______
3. finden ≠ ______
4. beginnen ≠ ______

5 Ergänzen Sie die Pluralform.

der Tänzer – ______
der Gast – ______
der Friedhof – ______
das Grab – ______
das Fest – ______
der Strand – ______

6 Füllen oder fühlen?

1. Ich ______ den Blumentopf mit Erde.
2. Wie ______ du dich heute?
3. Alle ______, dass die Stimmung gut ist.
4. Vor dem ersten Schultag ______ die Eltern eine Schultüte mit Süßigkeiten für ihr Kind.

Tipp

Achten Sie auf den Unterschied!
***füllen:** etwas voll machen, z.B. das Glas mit Wasser füllen*
***fühlen:** sich gut fühlen, Kälte fühlen*

Grammatik

7 Relativpronomen: Nominativ (N) oder Akkusativ (A)? Setzen Sie den passenden Buchstaben ein und ergänzen sie das Relativpronomen.

Eine internationale Familie feiert viele Feste

Julianas Mutter ist Griechin. Sie kam vor 30 Jahren als Studentin nach Deutschland und verliebte sich in ihren späteren Mann, ______ 1 [N] mit ihr zusammen studierte. Mit Alex, ______ 2 [ ] sie an der Universität kennengelernt hat und ______ 3 [ ] auch Julianas Vater ist, ist sie nun schon lange verheiratet. Vor kurzem haben sie ihren 25. Hochzeitstag gefeiert, ______ 4 [ ] man auch Silberne Hochzeit nennt. Julianas Mutter ist griechisch-orthodox, Alex aber ist evangelisch, deshalb gibt es in ihrer Familie jedes Fest, ______ 5 [ ] die christliche Kirche feiert, fast immer zweimal.
Auch Juliana heiratet bald. Ihr Farjad ist ein hübscher junger Mann, ______ 6 [ ] aus dem Iran kommt und muslimisch ist. Deshalb stehen in dem Familienkalender, ______ 7 [ ] in der Küche hängt, jetzt noch mehr Feste. Fast jede Woche gibt es jetzt einen Feiertag!

8 Vorbereitungen auf das Fest. Verbinden Sie die Sätze wie im Beispiel.

Beispiel: Das ist die Halle. Wir haben sie für das Fest gemietet.

→ Das ist die Halle, die wir für das Fest gemietet haben.

1. Auf der Bühne tritt ein berühmter Tänzer auf. Wir haben ihn extra gebucht.

____

2. Hier spielen die Musiker. Sie kommen aus Kuba.

____

3. Sie spielen Salsa. Die gefällt vielen Besuchern.

____

4. Das ist der größte Teil der Halle. Wir verwandeln ihn in einen Zuschauerraum.

____

5. Später stehen draußen die Stände. Wir müssen sie noch aufbauen.

____

6. Es gibt ein ganzes Lamm. Wir grillen es im Hof.

____

7. Morgen verschicken wir 300 Einladungen. Wir müssen sie noch in die Umschläge stecken.

____

9 **Hochzeit planen. Schreiben Sie Julianas Antworten auf Farjads Fragen.**

Farjad: Welches Hochzeitskleid wollen wir kaufen?
(Ich habe es gestern anprobiert.)

Juliana: *Wir kaufen das Hochzeitskleid, das ich gestern anprobiert habe.*

1. Welches Restaurant mieten wir für die Feier?
   (Es hat uns den besten Preis angeboten.)
2. Welche Leute laden wir zur Hochzeit ein? (Wir mögen sie.)
3. Welche Torte sollen wir bestellen? (Sie hat vier Etagen.)

10 **Fragen mit Relativsätzen in der Satzmitte.**
Schreiben Sie wie im Beispiel.

die Feste • du • lieber haben / man • im Sommer feiern

Hast du die Feste, die man im Sommer feiert, lieber?

1. das Bier • du • lecker finden / am Stand kaufen kann
2. den Gast • du • sympathisch finden / ist später gekommen
3. der Käse • sehr intensiv schmecken / du • probiert haben
4. der Tänzer • hat gut getanzt / ist am Anfang aufgetreten

11 **Wiederholung: Verben mit Dativ.**
Ergänzen Sie das passende Verb und setzen Sie das Pronomen in den Dativ.

gefallen • schenken • schmecken • zuhören

1. Hast du ________ (ich) auch genau ________?
2. ________ (er) unsere Weihnachtskarte?
3. ________ (du) denn das Gericht, das ich gekocht habe?
4. Was ________ er ________ (sie) zum Muttertag?

Lesen

12 **Silvester feiern. Welche Anzeige passt zu wem? Ordnen Sie zu.**

A *Ich mag es nicht, wenn sich alle jedes Jahr an den Tisch setzen, Sekt trinken und Standardwünsche aussprechen – langweilig!*

B *Wir wollen schick feiern und das neue Jahr im Anzug und Abendkleid begrüßen!*

C *Wir feiern gern mit Freunden zusammen und mögen es gemütlich.*

1. *Sie möchten entspannt ins neue Jahr feiern? Mit lieben Freunden zusammen sein, gut essen und bei einem Glas Wein etwas spielen? Wir nehmen Ihnen die Vorbereitung ab und liefern alles ins Haus: 3-Gänge-Menü oder Buffet, Getränke und große Auswahl an beliebten Spiele-Klassikern.* ☐

2. *Silvester – wild und laut Große Silvesterfeier in der Fabriketage. Techno bis zum Morgen! Kostüme erwünscht, Motto: wild und exotisch! Getränkegutschein im Eintrittspreis enthalten.* ☐

3. *Sie möchten das neue Jahr elegant mit Orchester und Tanz begrüßen? Dazu genießen Sie ein Gourmet-Feuerwerk von unserem ausgezeichnetem Koch! Abendgarderobe erwünscht.* ☐

13 Eine Einladung zur Hochzeit ist gekommen.

a) Lesen Sie die Fragen und den Brief und antworten Sie.

1. Wer lädt zur Hochzeit ein? ______________________________
2. Nadine freut sich, dass die Einladung so früh gekommen ist. Warum? ______________________________
____
3. Warum hat Nadine so wenig Freizeit? ______________________________
4. Aus welchem Land kommt der Freund von Nadine? ______________________________

Liebe Juliana, lieber Farjad,

vielen Dank für die Einladung zu eurer Hochzeit, über die ich mich sehr gefreut habe! Es ist sehr gut, dass ihr mir schon jetzt den Termin mitgeteilt habt, weil ich so diesen Tag viel leichter freihalten kann. Denn ich muss in diesem Jahr sehr viel reisen – Indien, Japan, USA und dann noch einige Termine in ganz Europa. Ihr kennt ja den Job. Es gibt immer wieder Konferenzen, Präsentationen und man muss neue Geschäftspartner treffen.
Jetzt zurück zu den wirklich wichtigen Dingen: Was kann ich euch schenken? Bitte schreibt mir, ob ihr einen besonderen Wunsch habt. Ich möchte natürlich, dass ihr euch über mein Geschenk freut und dass ihr es auch gut gebrauchen könnt. Eine Frage habe ich noch zum Schluss: Vor einem Monat habe ich einen netten jungen Mann aus Kolumbien kennengelernt und bin schon jetzt der Meinung, dass es der Richtige für mich ist. Darf ich ihn zur Feier mitbringen, dann könnt ihr ihn auch gleich kennenlernen?

Also noch einmal vielen Dank für die Einladung und bis bald!

Herzliche Grüße
Eure Nadine

b) Was steht im Text? Kreuzen Sie an.

	ja	nein	steht nicht im Text
1. Nadine bedankt sich für eine Einladung.	☐	☐	☐
2. Sie ist beruflich sehr viel unterwegs.	☐	☐	☐
3. Denn sie ist Geschäftsführerin.	☐	☐	☐
4. Farjad kommt aus dem Iran.	☐	☐	☐
5. Nadine hat schon ein Geschenk gekauft.	☐	☐	☐
6. Nadine kennt ihren neuen Freund seit etwa vier Wochen.	☐	☐	☐
7. Er soll nicht mit zur Hochzeit kommen.	☐	☐	☐

Kommunikation

14 Schreiben Sie eine Weihnachtskarte an Ihre Freunde. Nutzen Sie diese Punkte.

- Ihre Freunde heißen Svenja und Nils.
- Die beiden wollen im nächsten Jahr umziehen.
- Sie bieten Ihre Hilfe an / wollen bald wissen, an welchem Tag der Umzug ist
- Sie feiern Silvester mit ein paar Freunden und freuen sich, wenn Svenja und Nils auch zur Feier kommen.

Tipp

Zu Weihnachten kann man schreiben: „Fröhliche Weihnachten und ein gesundes Neues Jahr", „Ein frohes Weihnachtsfest und einen guten Rutsch ins Neue Jahr", „Ein wunderschönes Weihnachtsfest und ein erfolgreiches Neues Jahr"

15 Farjad hat zum ersten Mal mit Julianas Familie das deutsche Weihnachtsfest gefeiert. Er beschreibt seiner Mutter das Fest. Schreiben Sie den Brief. Die Wörter helfen.

Dank für letzten Brief • zum Weihnachtsmarkt gehen • letzte Geschenke gekauft • den Weihnachtsbaum schmücken und Kerzen anzünden • am 24. Dezember Weihnachtslieder singen, Geschenke ausgepackt • am 25. Dezember eine Weihnachtsgans essen / mit Äpfeln gefüllt • Weihnachten hier sehr gemütlich und ruhig • dich vermissen

16 Die richtigen Sprüche zum richtigen Fest. Ordnen Sie zu.

Geburtstag: ________ Hochzeit: ________ Silvester: ________

1. Sonne kann nicht ohne Schein, Mensch nicht ohne Liebe sein.
(Johann Wolfgang von Goethe)

2. Wir wünschen Dir an Deinem Tag, dass alle Welt Dich herzlich mag; nette Arbeit und viel Geld, Reisen um die ganze Welt!

3. Du bist so schön, Du fühlst dich toll – heut' machst Du Deine 80 voll, bleib schön, gesund und fit – wir feiern alle mit!

4. Einen guten Rutsch ins Neue Jahr und ich wünsche dir, dass es besser ist, als das alte war.

17 Ein Freund von Ihnen hatte vor drei Tagen Geburtstag. Sie rufen ihn an und sprechen auf seine Mobilbox. Schreiben Sie die Nachricht auf.

- Sie grüßen, nennen Ihren Namen.
- Sie gratulieren nachträglich und wünschen alles Gute.

*Wenn man den Geburtstag einer Person vergessen hat, sagt man: „Ich gratuliere dir **nachträglich** zum Geburtstag!"*

18 Kindergeburtstag früher und heute. Vergleichen Sie. Schreiben Sie Sätze.

ich / früher	*meine Tochter / heute*
bestes Kleid anziehen müssen	Freunde einladen
nicht schmutzig machen dürfen	Spiele spielen
ein Gedicht aufsagen müssen	Lieblingsessen
Fest vor allem für Eltern und Verwandte schön	Kinder haben Spaß

Fit im Alltag 3

Medikamente

1 Was ist was? Ordnen Sie zu.

das Fieberthermometer • der Hustensaft • die Ohrentropfen • das Pflaster • die Salbe • die Tabletten • der Verband • die Zäpfchen

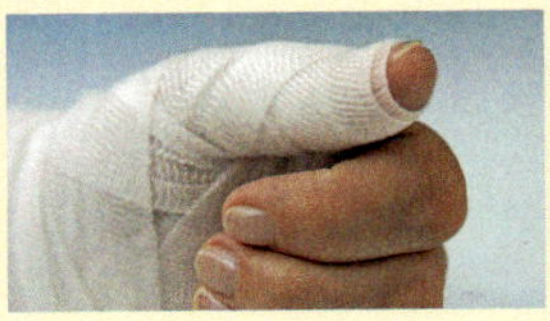

1. ____________

2. ____________

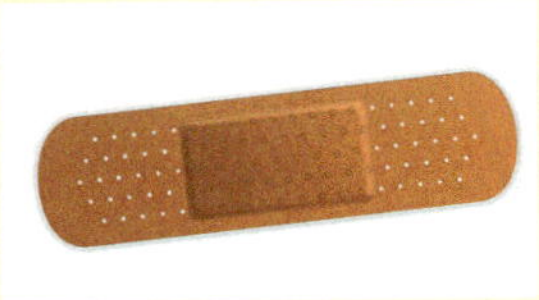

3. ____________

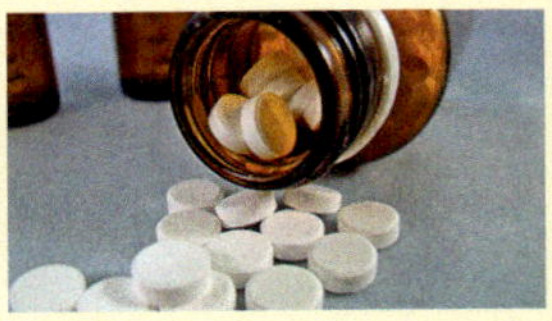

4. ____________

5. ____________

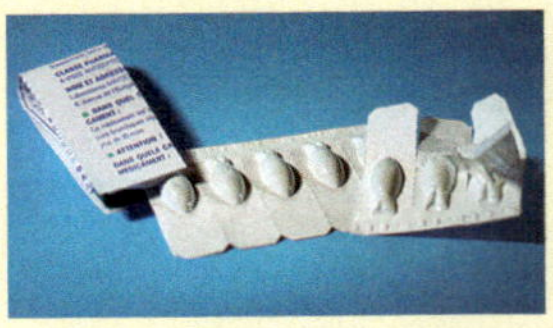

6. ____________

7. ____________

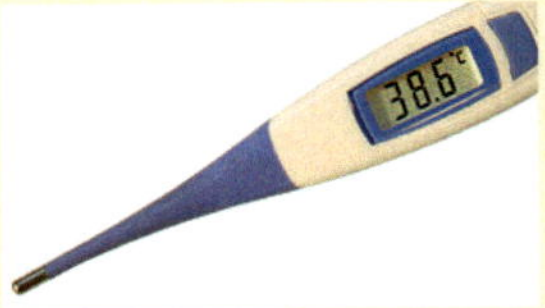

8. ____________

2 Stress! Lesen Sie den Text. Welche Dinge aus Aufgabe 1 braucht Karl?

Was für ein Tag! Um sechs Uhr hat mich die Kleine geweckt. Sie war ganz rot im Gesicht und hat immer gesagt: Aua Ohr! Ich habe sofort das ____________[1] geholt: 39 Grad! Also kein Kindergarten und auch kein Büro. Lieber sofort zu unserer Kinderärztin. Ich habe mir nur noch schnell ein Brot gemacht, nein, ich wollte mir ein Brot machen. Aber weil ich so nervös war, habe ich mich geschnitten. Schnell ein ____________[2] auf den Finger und dann los. Die Ärztin hat Nina untersucht. Sie soll ____________[3] gegen das Fieber bekommen und ____________[4] hat sie mir auch aufgeschrieben. Dann hat sie meinen Finger gesehen und sie hat etwas ____________[5] draufgetan und mir einen schönen ____________[6] angelegt. Jetzt sind wir wieder zu Hause und pflegen uns.

3 In der Apotheke. Wer sagt was? Ordnen Sie zu: A = Apotheker/in, K = Kunde.

1. ☐ Muss ich etwas zuzahlen?
2. ☐ Haben Sie ein Rezept?
3. ☐ Wann kann ich es abholen?
4. ☐ Wie lange kann ich die Tabletten nehmen?
5. ☐ Nehmen Sie nicht mehr als drei am Tag.
6. ☐ Hat das Antibiotikum Nebenwirkungen?
7. ☐ Wenn ich die nehme, darf ich dann Auto fahren?
8. ☐ Sie müssen noch fünf Euro zuzahlen.
9. ☐ Das haben wir im Moment nicht da, aber wir können es bestellen.

Info

Für die meisten Medikamente auf Rezept muss man fünf bis zehn Euro bezahlen. Das nennt man Zuzahlung.

Feste feiern.

Hallo Lukas,
stell dir vor, wir haben die Wohnung bekommen. Am Samstag feiern wir die Einweihung. Kommt ihr auch? Um fünf geht's los.
Liebe Grüße
Andrea und Klaus

1 ☐

Wir heiraten
Edith Konrad und Deniz Akdam
Die Trauung ist am 12. 10. 2012 um 14:30 Uhr im Standesamt Straubing.
Die Hochzeitsfeier findet im Hotel „Zur grünen Wiese" statt.
Um Antwort wird gebeten bis zum 15. 09.

2 ☐

Liebe Freunde,
ich werde 30! Na und?
Große Party am Samstag, den 6. Juli.
Reichenberger Straße 113
Für Getränke ist gesorgt, aber Spenden fürs Buffet sind erwünscht!
Ich freue mich auf euch!

3 ☐

Nina ist da!
Seit dem 6.03 2012 um 2:35 Uhr.
3650 g und 52 cm
Am 26.03. geben wir einen kleinen Begrüßungskaffee.
Um 15 Uhr bei uns in der Simmerstraße 11.
Wir freuen uns auf euch!

4 ☐

4 Einladungen. Was passt zusammen?

A 
B 
C 
D 

5 Antworten. Wählen Sie zwei Einladungen aus und rufen Sie an. Sagen Sie zu oder ab. Sie müssen eine Nachricht hinterlassen. Machen Sie sich Notizen und sprechen Sie. Ihr/e Partner/in sagt, auf welche Nachrichten Sie geantwortet haben.

Erst einmal herzlichen Glückwunsch. Toll, dass ...
Vielen Dank für die Einladung. Ich komme gern.
Leider kann ich nicht kommen. Ich muss ... / Ich habe ...
Ich bringe ... mit. / Hast du / Habt ihr einen besonderen Wunsch?
Was soll ich anziehen? / Kann ich ... / jemanden mitbringen?
Kann ich auch später kommen? / ...

Alles ganz menschlich

Wortschatz

1 Emotionen und Charakter. Sehen Sie die Fotos an. Welche Eigenschaften fallen Ihnen ein? Sammeln Sie Adjektive.

ernst • ehrlich • streng • spontan • offen • besorgt • ängstlich • gerecht • aggressiv • frech • selbstbewusst • ordentlich • treu • egoistisch • fleißig • glücklich • unabhängig • klug • direkt

2 Wörter bauen.

a) Bilden Sie Nomen.

1. Künst-
2. Unabhängig-
3. Überrasch-
4. Geheim-
5. Eigen-
6. Möglich-
7. Beleidig-
8. Entscheid-
9. Stimm-

schaft

ung *keit*

heit *nis* *ler*

der Künstler,

b) Bilden Sie Adjektive.

1. ängst-
2. fleiß-
3. ähn-
4. ehrgeiz-
5. egoist-
6. aggress-
7. hekt-
8. ehrl-
9. ordent-
10. kom-
11. geduld-
12. gemütl-

lich *isch* *iv* *ig*

ängstlich,

Tipp

Merken Sie sich:
aggressiv = Schreibt man mit 2 x s und 2 x g!

3 Aus Wörtern Sätze machen.

a) Was passt zusammen? Verbinden Sie.

1. (sich) Sorgen
2. eine Entscheidung
3. jemanden / etwas ernst
4. eine Aufgabe
5. einverstanden
6. ein Buch
7. einen gepflegten Eindruck

a) lösen
b) treffen
c) machen
d) sein
e) machen
f) nehmen
g) veröffentlichen

b) Schreiben Sie mit diesen Verbindungen Sätze in der Ich-Form.

Ich mache mir Sorgen, weil meine Tochter noch nicht zu Hause ist.

4 Wörter verstehen.

a) Was ist ähnlich ? Ordnen Sie zu.

nervös	= ☐	1. keinen Streit haben
offen	= ☐	2. Das ist richtig.
abhauen	= ☐	3. hektisch
schimpfen	= ☐	4. direkt
sich mit jemanden gut verstehen	= ☐	5. fluchen
Das stimmt.	= ☐	6. weggehen

b) Was ist ganz anders ? Ordnen Sie zu.

selbstbewusst	≠ ☐	1. ruhig sein
sich aufregen	≠ ☐	2. bekannt
unbekannt	≠ ☐	3. sich langweilen
Spaß haben	≠ ☐	4. dumm
weinen	≠ ☐	5. ängstlich
klug	≠ ☐	6. lachen
sich ärgern	≠ ☐	7. sich freuen

5 Welches Wort fehlt? Ergänzen Sie.

aggressiv • direkt • ehrlicher • einverstanden • ~~Gesten~~ • lächeln • lügt • offen • Sternzeichen • stimmt

1. *Gesten* [1] sind oft ______________ [2] als Wörter. Wenn jemand zum Beispiel in einem Gespräch ______________ [3], dann merken wir das oft. Oder jemand kann ______________ [4], aber man sieht, dass er oder sie eigentlich nicht mit dem Vorschlag ______________ [5] ist.
2. Mein ______________ [6] ist Skorpion. Im Horoskop steht, dass wir ______________ [7] und ______________ [8] sind, aber manchmal leider auch ______________ [9] sein können. Ich glaube, das ______________ [10], denn ich sage immer, was ich denke.

Grammatik

6 Indefinitpronomen.

a) Welche Bedeutungen passen zu den Wörtern? Ordnen Sie zu.

1. jemand ☐
2. jeder ☐
3. viele ☐
4. niemand ☐

a) kein Mensch

b) alle Menschen

c) eine Person, aber ich weiß nicht wer

d) eine große Zahl von Personen

b) Ergänzen Sie das passende Indefinitpronomen aus a).

1. Nicht ____________ kann immer selbstbewusst sein.
2. Wenn ____________ unabhängig sein möchte, sollte er oder sie Geld verdienen.
3. Diese Aufgabe ist zu schwer, nicht ____________ können sie lösen.
4. Mach die Tür zu, damit ____________ reinkommt und unsere Überraschung sieht. Sie ist noch ein Geheimnis, und wenn sie ____________ sieht, dann ist es keine Überraschung mehr!
5. Kann mir bitte ____________ helfen? Ich kann nicht so gut mit dem Computer umgehen.

7 René ist Musiker.

a) Wiederholung: Deklination der Adjektive. Ergänzen Sie die Endungen.

Wir möchten Ihnen einen nett___[1] jung___[2] Mann vorstellen. Er heißt René und studiert Musik in Münster. Am Wochenende hat er ein klein___[3] Konzert. Er spielt Gitarre in einer laut___[4] Band. Sie machen Rockmusik. Aber René spielt auch Klassik. Er hat einen schön___[5] Traum: Er möchte einmal ein bekannt___[6] Musiker sein, das ist sein Ziel und er möchte es erreichen.

b) Fragebogen: Stellen Sie Fragen mit *Was für* ... zu René. Benutzen Sie die Nomen. Beantworten Sie Ihre Fragen auch.

1. der Mensch • 2. der Student • 3. das Instrument • 4. die Band • 5. der Traum

1. Was für ein Mensch ist René? Er ist ein netter, ...

____

____

____

8 Wiederholung: Verb + Präposition. Ergänzen Sie die Präpositionen.

Normalerweise ziehen Studenten zu Hause aus und freuen sich schon lange vorher ________[1] ihre neue Wohnung und ________[2] die neue Freiheit, aber nicht René. Er versteht sich gut ________[3] seinen Eltern und sie müssen sich nicht oft ________[4] ihren Sohn ärgern. Natürlich hört er nicht immer ________[5] sie, denn er möchte unabhängig sein und eine eigene Meinung haben. Manchmal regen sich Renés Eltern ________[6] die Unordnung in seinem Zimmer oder ________[7] die laute Musik auf. Dann sprechen sie ________[8] das Problem und meistens verstehen sie sich dann wieder gut. Renés Eltern interessieren sich ________[9] seine Probleme und unterstützen ihn: Sie geben ihm Geld oder einen guten Rat – das hängt ________[10] der Situation ab.

9 So viele Fragen. Ergänzen Sie das passende Fragewort. Dann antworten Sie.

1. ________________ freuen sich junge Leute, wenn sie von zu Hause ausziehen?
2. ________________ verstehen sich Renés Eltern gut mit ihrem Sohn?
3. ________________ hört René nicht immer auf seine Eltern?
4. ________________ sprechen sie über ihre Probleme?
5. ________________ unterstützen die Eltern René?

10 Der Imperativ. Was sagt die Lehrerin? Schreiben Sie Sätze aus den Verben.

~~zuhören~~ • reinkommen • weinen • ruhig sein • aufschreiben • keine Angst haben • rausgehen

1. Lisa, es ist nicht schlimm, dass du dein Heft nicht findest. ____________________ doch nicht!
2. Ach, Markus. Du bist zu spät. ____________________.
3. Das ist zu laut. Noemi und Clara, bitte ____________________!
4. Morgen schreiben wir einen Test, aber ____________________.
5. Bitte ____________________ die Aufgaben ____________________. Dann könnt ihr üben.
6. Pause! ____________________ bitte ruhig ____________________!

Lesen

11 **Sie wollen sich bewerben und einen guten Eindruck machen. Sie suchen Hilfe bei der Vorbereitung. Lesen Sie die Anzeigen. Welche passt?**

A

Fit bleiben für Jung und Alt!
Auch mit 70 kann der Körper so fit sein wie mit 40. Sie glauben es nicht? Kommen Sie zum Gymnastikkurs und sehen Sie selbst!

B

Sie wollen spielen?
Britta Fuchs – Schauspielerin aus dem Goethe-Theater – gibt wöchentlich Schauspielunterricht. Mimik, Gestik und Aussprache.
Tel.: 0 80/65 54 32 16

C

Für den ersten Eindruck gibt es keine 2. Chance
Die Körpersprache verrät viel über uns. Mimik – Gestik – Haltung. In unserem Seminar beobachten und analysieren Sie. So können Sie andere besser verstehen und sich selbst optimal präsentieren.
Do, den 13.07. 2012 – Anmeldung unter info@koerpersprache.de

12 **Sie kommen zum Seminar, die Dozentin begrüßt Sie und stellt den Kurs vor.**
a) Lesen Sie den Text. Wie heißt das Seminar?

Liebe Kursteilnehmer und Teilnehmerinnen!
Ich heiße Rita Sommer und begrüße Sie herzlich zu unserem Seminar „Für den ersten Eindruck gibt es keine 2. Chance". In diesem Seminar lernen Sie, wie wichtig die Körpersprache im Berufs- und Privatleben ist. Sie sehen, welche Fehler man bei sich selbst vermeiden kann und wie man andere besser versteht. So können Sie neue Kontakte erfolgreich starten und Ihre alten besser pflegen.
Denn: „Für den ersten Eindruck gibt es keine zweite Chance!" – Psychologen sind der Meinung, dass der persönliche Eindruck in den ersten 30 Sekunden entsteht. Wenn er negativ ist, kann man oft nicht mehr viel verändern. Natürlich sind auch Kleidung und Höflichkeit wichtig, aber unser Thema heute ist die Körpersprache. Wir sprechen in unserem Seminar über Gestik und Mimik. Wir machen praktische Übungen, nehmen sie auf Video auf und sehen sie uns gemeinsam an. Wir analysieren das, was wir sehen, und spielen die Situationen dann noch einmal im Kurs nach. Das Programm ist so aufgebaut, dass Sie sehr viel praktisch lernen und auch sehr viel Spaß haben. Ich wünsche Ihnen viel Erfolg beim Lernen!

b) Lesen Sie noch einmal und ordnen Sie den Überschriften die passenden Zeilen zu. Bringen Sie sie dann in die richtige Reihenfolge.

	Zeile	Reihenfolge
1. Was wir in dem Seminar lernen	______	☐
2. Auch wichtig, aber nicht unser Thema	______	☐
3. Kurze Begrüßung und Vorstellung	______	☐
4. Alle reden mit und haben Spaß.	______	☐
5. Wir arbeiten mit modernen Medien	______	☐
6. Warum die erste Begegnung so wichtig ist	______	☐
7. Schlusswort	______	☐

Kommunikation

13 **Was sagen die Kommunikationswissenschaftler? Lesen Sie und sehen Sie sich die Grafik an. Verbinden Sie die Aussagen.**

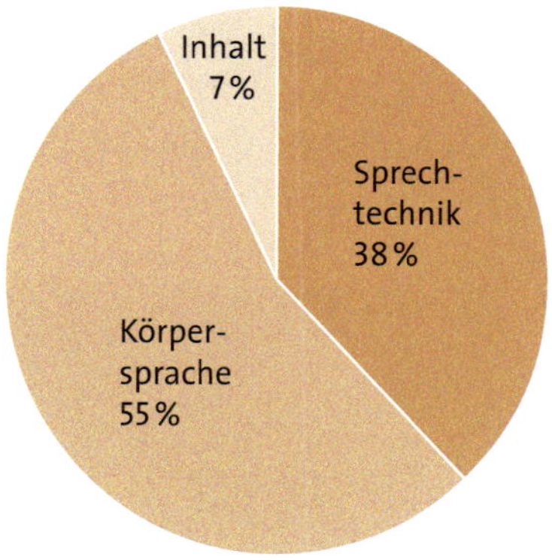

Die Wissenschaftler haben herausgefunden, dass wir beim Zuhören gar nicht so sehr auf die Wörter hören. Was wir verstehen und wie wir jemanden sehen, hängt von anderen Sachen ab.

1. Die meisten Informationen bekommt man
2. Wir achten zu fast 40 Prozent auf
3. Die Worte und das, was wir sagen,

a) Betonung und Aussprache.
b) haben am wenigsten Bedeutung.
c) über Mimik, Gestik und Körperhaltung.

14 **Sie möchten sich zum Seminar aus Aufgabe 11 anmelden, aber Sie haben noch Fragen. Schreiben Sie eine E-Mail.**

Betreff: Anmeldung

Anrede,

Bitte um Informationen: Uhrzeit und Ort, Dauer, Preis

Gruß

15 **Sie sind bei einer Partnervermittlung angemeldet und haben eine Nachricht bekommen. Schreiben Sie eine Antwort. Nutzen Sie die Punkte.**

Hallo ...,
ich habe heute dein Profil gesehen und gedacht, vielleicht sollte ich dir mal schreiben, weil ich gelesen habe, dass du dich auch für Sternzeichen interessierst. Ich finde Horoskope toll und sehr spannend! Ich bin Skorpion und deshalb dynamisch, stark und selbstbewusst. Was bist du denn für ein Sternzeichen? Was für einen Charakter hast du?

Liebe Grüße und ich freue mich schon sehr auf deine Antwort!

- Sie interessieren sich auch sehr für Horoskope.
- Sie haben zu diesem Thema sogar zwei Bücher veröffentlicht.
- Beschreiben Sie Ihren Charakter mit Adjektiven.
- Schlagen Sie ein Telefongespräch vor.

Stadt und Land

Wortschatz

1 Auf dem Land und in der Stadt. Zeichnen Sie die Wortfelder in Ihr Heft und ordnen Sie die Wörter zu. Manchmal gibt es mehrere Möglichkeiten.

die Berge • das Boot • der Bus • das Feld • der Fischer • der Fluss • die Hochhäuser • das Huhn • die Katze • die Kuh • die Küste • der Lärm • die Natur • das Pferd • das Schwein • die Sehenswürdigkeiten • der Stau • die Straßenbahn • die U-Bahn • die Universität • der Vogel • der Wald • die Wiese

2 Zusammengesetzte Wörter. Was ist das? Ergänzen Sie.

Beispiel: eine Gemeinschaft zum Wohnen = die Wohngemeinschaft

1. ein hohes Haus = ______________________
2. ein Korb, der am Strand steht = ______________________
3. die Welt um mich herum = ______________________
4. eine große Stadt = ______________________
5. das Leben auf dem Land = ______________________
6. ein Hof, den ein Bauer hat = ______________________
7. ein Mensch, der in der Stadt lebt = ______________________
8. die See im Norden = ______________________

Tipp

See gibt es zweimal:

die ❀ See = das Meer

der ▨ See, z. B. der Bodensee

3 Wie heißt die Pluralform?

ein Vogel, ein Baum, ein Blatt, ein Fluss, ein Zaun, eine Kuh, ein Huhn, ein Strandkorb, ein Laden

ein Vogel – viele Vögel

Was haben alle diese Pluralwörter? ______________________

4 **Wörter üben und Sätze bauen.**
Verbinden Sie: gelb + orange + blau und schreiben Sie die Sätze in Ihr Heft.

Die Bauern	Viele Familien	auch wenn das Wetter nicht so gut ist, weil sie Geld verdienen müssen.
Christine Beck	Junge Leute	weil sie dort mehr Ausbildungs- und Freizeitmöglichkeiten haben.
Die Fischer	haben im Herbst viel zu tun,	damit ihre Kinder draußen spielen können und die Natur erleben.
bleiben lieber in der Stadt,	fahren auf die See hinaus,	weil schon ihr Vater Weinbauer war.
sind aufs Land gezogen,	hat ein Weingut übernommen,	wenn sie Obst und Gemüse ernten müssen.

+ Variieren Sie und schreiben Sie drei neue Sätze.

Grammatik

5 **Unterstreichen Sie die Endungen der Adjektive, die nach dem Nullartikel stehen.**
Schreiben Sie in die Kästchen: Nominativ (N), Dativ (D) oder Akkusativ (A).

Immer mehr junge [N] und ältere ☐ Menschen aus großen ☐ Städten machen tägliche ☐ oder wöchentliche ☐ Einkäufe auf einem Bauernmarkt. Wir vom Radio *Sachsenwelle* haben begeisterte ☐ Marktbesucher gefragt: „Warum sind Sie heute hier?“

Jutta Buck (82): „Hier kann ich vor allem mit netten ☐ Menschen sprechen und außerdem bekomme ich immer leckeres ☐ Obst und frisches ☐ Gemüse aus der Region.“

Christine Boden (32): „Wir haben kleine ☐ Kinder und sie sollen mit gesundem ☐ Essen aufwachsen. Zwischen den Lebensmitteln aus dem Supermarkt und den Sachen hier gibt es einfach riesige ☐ Unterschiede.

6 **Kleine Deklinationsgeschichten. Ergänzen Sie die Adjektive.**

1. *Nominativ:* Hier liegt frischer Käse.
 Dativ: Ich belege meine Brötchen nur mit ______________ Käse.
 Akkusativ: Deshalb kaufe ich täglich ______________ Käse.

Variieren Sie diese Sätze mit „feine Wurst", „leckere Gurken", „teurer Fisch"

2. *Nominativ:* Auf dem Tisch steht ______________ Wasser.
 Dativ: Wir haben immer eine Flasche mit kaltem Wasser auf dem Tisch.
 Akkusativ: Es ist gesund, wenn man ______________ Wasser trinkt.

Variieren Sie diese Sätze mit „guter Wein", „frische Milch"

3. *Nominativ:* ______________ Äpfel sind lecker.
 Dativ: Mit ______________ Äpfeln kann man verschiedene Sachen kochen.
 Akkusativ: Wir kaufen jede Woche rote Äpfel.

Variieren Sie diese Sätze mit „frische Pilze", „gelber Paprika", „grüne Bohnen"

7 **Wie viele Sätze kann man hier maximal kombinieren? Probieren Sie es aus und schreiben Sie.**

Viele Die Bauern Die Fischer Brasilianer	trinken verkaufen ernten	frisches Obst echten Kaffee fetten Fisch leckeres Gemüse

8 **Was bietet eine Großstadt? Ergänzen Sie die Endungen.**

Irina: Warum bewirbst du dich nur in groß_____ [1] Städten? Es gibt doch auch klein_____ [2] Orte mit gut_____ [3] Firmen, die Spezialisten wie dich brauchen.

Thomas: Aber groß_____ [4] Städte haben noch andere gut_____ [5] Seiten. Zum Beispiel, dass wir beide dort besser_____ [6] Jobmöglichkeiten haben – und nicht nur ich.

I: Aber wir haben klein_____ [7] Kinder, und auf dem Land bekommen sie sauber_____ [8] Luft und können besser spielen. Findest du nicht auch, dass das ein wichtig_____ [9] Argument ist?

T: Ja, schon, aber eine groß_____ [10] Auswahl an Schulen ist wichtiger.

I: Ach, das ist ja wirklich eine schwer_____ [11] Entscheidung. Da ist gut_____ [12] Rat teuer, nicht wahr? Aber interessant_____ [13] Kultur- und Freizeitangebote gibt es in der Stadt auch. Warum mieten wir nicht ein schön_____ [14] Haus mit Garten in einer nett_____ [15] Vorstadt?

T: Toll_____ [16] Idee! Das machen wir!

9 **Deklinationslied – *dieser/em/en, dieses/em, diese/er*. Ergänzen Sie die Endungen im Nominativ und die Formen im Dativ und Akkusativ.**

Nominativ: Ach, dies___ Strand, dies___ Meer, dies___ Küste, dies___ Strandkörbe, dies___ Land!

Dativ: Wie romantisch ist es hier, an ________ Strand, ________ Meer, ________ Küste, in ________ Strandkörben, in ________ Land!

Akkusativ: Im nächsten Jahr kommen wir unbedingt an ________ Strand, ________ Meer, ________ Küste, in ________ Strandkörbe, in ________ Land zurück!

10 **Erinnerungen an diese Stadt! Ergänzen Sie mit der richtigen Form von *dieser/em/es/e*.**

Als wir zum ersten Mal nach vielen Jahren in unserer alten Stadt unterwegs waren, sagte mein Vater: „In ____________[1] Stadt, ____________[2] Straße und ____________[3] Hochhaus haben wir zehn Jahre gewohnt. An ____________[4] Fluss haben wir abends manchmal gesessen. Siehst du das Krankenhaus an der Ecke? In ____________[5] Krankenhaus bist du geboren. Ah und da, der Park! In ____________[6] Park waren wir oft spazieren, auf ____________[7] grünen Wiesen haben wir mit dir Ball gespielt. Kannst du dich an ____________[8] Zeit noch erinnern?“

11 **Kleine Dialoge im Urlaub. Welche Antwort passt? Ergänzen Sie *dieser/em/en, dieses/em, diese/er***

1. Welche Wurst soll es denn sein?
2. In welchem Dorf übernachten wir?
3. Welchen Wein wollen wir trinken?
4. Welches Ferienhaus mieten wir?
5. Hast du Tiere?

a) ________ Katzen, sie sind süß, oder?
b) ________ hier, an der Nordsee.
c) In ________, hier links auf der Karte.
d) ________ roten. Er ist gut.
e) ________ Salami bitte, für 2,30 Euro.

12 **Verb + Präposition. Schreiben Sie Sätze.**

1. Katja, das Land, auf, wohnen.
2. Mit 21, nach, Berlin, sie, fahren.
3. Sie, hier, heute, studieren, an, die Universität.
4. Sie, in, wohnen, eine Wohngemeinschaft.
5. Oft, sie, sich ärgern, über, die Großstadthektik.
6. Sie, sich freuen, tolle Cafés und Bars, über, aber.

Stadt und Land

Lesen

13 **Landliebe.**

a) Lesen Sie die Überschrift. Was fällt Ihnen zu dem Thema ein? Notieren Sie drei Stichpunkte.

Bäuerin sucht Mann!

Carolin Bertram ist Landwirtin. Auf einem Hof in Ostfriesland mit 100 Kühen und 126 Hektar[1] Land. Sie liebt diese Arbeit, lebt für sie. Fragt sich nie, ob es sich lohnt, für 1300 Euro im Monat sieben Tage die Woche in Gummistiefeln im Stall[2] zu stehen. „Milchviehwirtschaft ist einfach mein Ding", sagt sie.

Nur mit Männern hat sie nicht so viel Erfahrung. Ein paar kleine Beziehungen gab es schon, sagt sie, aber bisher noch keine längere. Carolin sucht, aber nicht verzweifelt. Schließlich ist sie erst 25. Aber schon jetzt merkt sie: „Einfach ist es nicht, als Landwirtin einen Mann fürs Leben zu finden. Ich liebe meinen Beruf und das muss mein Partner akzeptieren. Dieses Leben ist aber nichts für Natur-Romantiker. Man muss die Kühe sieben Tage die Woche zweimal täglich melken, das ist nun mal so. Und wenn ich einen Mann finde, der auch Bauer ist, dann darf er vor allem eines nicht: Mich auf Küche, Kinder und Buchhaltung beschränken, wie das heute leider immer noch viele Bauern mit ihren Frauen machen."
Moderne Landwirtinnen wie Carolin sind gut ausgebildet, klug, selbstbewusst, haben Fachhochschulreife oder Abitur, waren im Ausland. Sie wollen also keinen Langweiler, der gerade mal die nächste Kreisstadt kennt. Moderne Landwirtinnen wollen gleichberechtigt im Betrieb arbeiten, mitentscheiden, Verantwortung tragen. Sie wissen, wie man Maschinen, Tiere und Menschen betriebswirtschaftlich optimal einsetzt, Mitarbeiter und Bücher führt, und wie man hart mit Viehhändlern verhandelt. Was die Männer können, können sie auch. Warum also sollten sie nur Marmelade im Hofladen verkaufen?

1 der Hektar / die Hektare (CH) = 10.000 m^2 2 der Stall – da wohnen die Kühe

b) Welche Aussage ist richtig: a, b oder c? Kreuzen Sie an.

1. Carolin Bertram
   a) ☐ trainiert Pferde.
   b) ☐ arbeitet in der Milchwirtschaft.
   c) ☐ hilft manchmal im Stall.

2. a) ☐ Sie mag Kühe eigentlich nicht.
   b) ☐ Sie sucht einen Job mit einem höheren Gehalt.
   c) ☐ Sie ist sehr gern Bäuerin.

3. a) ☐ Sie war schon einmal verheiratet.
   b) ☐ Sie sucht einen festen Partner.
   c) ☐ Sie sucht einen guten Freund.

4. Als Landwirt/in
   a) ☐ macht man regelmäßig Urlaub.
   b) ☐ hat man sehr wenig Urlaub.
   c) ☐ hat man ein romantisches Leben.

5. Carolin sagt, dass viele Bauern
   a) ☐ keine Kinder wollen.
   b) ☐ nicht heiraten wollen.
   c) ☐ eine Frau fürs Haus wollen.

6. Bäuerinnen von heute
   a) ☐ sind Fachfrauen.
   b) ☐ arbeiten fast nur im Büro.
   c) ☐ verkaufen nur Marmelade.

Kommunikation

14 **Sie suchen ein Ferienhaus auf dem Land, weil Sie dort Ihren Urlaub verbringen wollen.**

Ihre Wünsche: Sie möchten jeden Tag schwimmen gehen.
Sie haben ein Auto.
Ihre Kinder sollen im Garten spielen.
In der Küche brauchen Sie unbedingt einen Geschirrspüler.
Sie möchten dort den ganzen Monat Juli verbringen.
Sie wollen grillen und bei Regen vor dem Kamin sitzen.
Sie müssen oft Wäsche waschen.

Welche Punkte klicken Sie im Suchformular an?

☐ Ferienhaus	☐ Garten	☐ Waschmaschine	☐ Kamin	☐ Fluss/See
☐ Ferienwohnung	☐ Terrasse	☐ Trockner	☐ Holzboden	☐ Bauernhof
☐ Hotelzimmer	☐ Grill	☐ Geschirrspüler	☐ Sauna	☐ Bahnhofsnähe

15 **Sie haben ein Ferienhaus gesehen, das Ihnen gefällt. Schreiben Sie eine E-Mail an die Vermieter. Nutzen Sie die Punkte unten.**

– Die Vermieterin heißt Frau Ehrit.
– Sie mieten vom 01.07. bis zum 31.07.
– Sie sind 3 Erwachsene + 2 kleine Kinder.
– Sie möchten Fahrräder mieten.

16 **Frau Ehrit hat Ihnen einen Vertrag geschickt.**
a) Füllen Sie den Vertrag aus.

Name		**Mietobjekt Ferienhaus Stella**	
Vorname		Anreise	
Geburtsdatum		Abreise	
Adresse		Abholung vom Bahnhof	☐ ja ☐ nein
Telefonnummer		Fahrradverleih	☐ ja ☐ nein
Mobilnummer		Miete gesamt: 2000 Euro	

Bitte überweisen Sie bis 01.06. eine Vorauszahlung von 500 Euro und eine Woche vor der Anreise den Restbetrag auf unser Konto (s. unten).

Ort, Datum ____________ Unterschrift Vermieter *Lydia Ehrit* ____________ Unterschrift Mieter ____________

b) Beantworten Sie die Fragen.

1. Wie heißt das Ferienhaus?
2. Wann soll der Mieter/die Mieterin wie viel Geld überweisen?

Immer wieder Schule

Wortschatz

1 Wortfeld Schule. Was ist das? Ergänzen Sie. Unten finden Sie Hilfe.

(der) Elternabend • (der) Elternbeirat • (die) Hausaufgaben • (die) Klassenarbeit • (der) Stundenplan • (die) Turnhalle

1. Hier haben die Schüler/innen Sport:
   in der ______________________
2. Hier steht, wann man welches Fach hat:
   auf dem ______________________
3. Das müssen die Schüler/innen fast jeden Nachmittag machen:
   die ______________________
4. Das schreiben die Schüler/innen regelmäßig:
   eine ______________________
5. Dazu bekommen die Eltern regelmäßig eine Einladung:
   zum ______________________
6. Dann wählen Sie:
   den ______________________

2 Wörter mit „Prüfung". Welche Verbindung passt? Ergänzen Sie die Sätze.

1. Mit diesem Übungsbuch erreichen Sie Ihr ______________________ bestimmt!
2. Die ______________________ stehen im Internet.
3. Biologie ist bei uns kein ______________________, wir schreiben nur einen Test.
4. Viele haben ______________________ und sind schrecklich nervös.
5. Die ______________________ waren dieses Mal nicht gut.

Prüfung + s + *Unterricht*, *Lehre*, *Termin*, *Angst*, *Traum*, *Stundenplan*, *Fach*, *Ergebnis*, *Ziel*

3 Wählen Sie das passende Wort und schreiben Sie eine Antwort.

die Klassenfahrt • der Schulabschluss • ~~das Schulgesetz~~ • die Schuluniform • die Wahl

1. Wo steht, dass jede Schule einen Elternbeirat haben muss?
2. Wie heißt die besondere Kleidung, die manche Schüler/innen in der Schule tragen müssen?
3. Wie heißt die Reise, die Lehrer und Schüler zusammen machen?
4. Wie nennt man das, wenn viele bestimmen, wer ein Amt bekommt?
5. Was hat man, wenn man mit der Schule fertig ist?

1. Das steht im Schulgesetz.

4 Mein erster Schultag. Ergänzen Sie die Wörter und achten Sie auf die richtige Form.

damals • blau • Klassenzimmer • Leistung • Lehrer • Lehrerin • Schultag • Schultüte • unbedingt • Unterricht • unterrichten • werden • Zensuren

Ich weiß noch ganz genau, wie das ____________[1] war. Als ich sechs war, kam ich in die Schule. Ich durfte die Farbe von meiner ____________[2] selbst aussuchen: sie war ____________[3], meine Lieblingsfarbe! Aber die Schule haben meine Eltern ausgesucht. Sie wollten ____________[4], dass ich Mathematikerin ____________[5] und an der Hermann-Gmeiner-Schule gab es mehr ____________[6] in Mathematik als an anderen Schulen. Am ersten ____________[7] war ich sehr aufgeregt. Aber meine erste ____________[8], Frau Kramer, hat uns sehr herzlich begrüßt und uns das ____________[9] gezeigt. Es war hell und freundlich und ich habe mich gleich wohlgefühlt. In der ersten Klasse haben wir noch keine ____________[10] bekommen, unsere ____________[11] haben die ____________[12] immer mit Worten bewertet. Heute bin ich übrigens auch Lehrerin, aber ich ____________[13] nicht Mathematik!

Grammatik

5 Und was wirst du? Ergänzen Sie die Sätze mit der richtigen Form von *werden*.

1. Ich mache eine Lehre bei einer Bäckerei und ____________ Bäcker.
2. Und du machst eine Ausbildung in einer Kfz-Werkstatt und ____________ Mechatronikerin?
3. Er ____________ Koch und geht zweimal die Woche zur Berufsschule.
4. Wir ____________ alle tolle Profis!
5. Ihr ____________ bestimmt unsere Kunden, aber auch die Konkurrenten ____________ immer stärker!

Immer wieder Schule

6 Wann werde ich wie? Verbinden Sie und schreiben Sie einen Text.

jeden Tag ein bisschen üben	glücklich	werden
eine Prüfung haben	traurig	
zu lange lernen	besser	
in der Prüfung Erfolg haben	müde	
keinen Erfolg haben	nervös	

Wenn ich jeden Tag ein bisschen übe, werde ich (immer) besser.

7 Ein Genie? Verbinden Sie die Sätze mit *trotzdem*.

1. Max hat nie fleißig gelernt. Er hatte gute Noten.
2. Er hat im Unterricht nicht aufgepasst. Er konnte immer alles.
3. Er konnte nie still sitzen und sich nicht konzentrieren. Er hatte tolle Ideen.
4. Er war frech. Alle hatten ihn gern.
5. Heute ist Max Universiätsprofessor. Er ist noch fast genauso wie früher.

8 Meine erste Lehrerin. Ergänzen Sie die Endungen (wenn nötig) und die Pronomen. Achten Sie auf die richtige Form.

___ denke, dass sich fast all___ Schüler aus unser___ Klasse noch an Frau Linn erinnern. ___ war nicht groß___, hatte aber eine laut___ Stimme. Sie war eine streng___ Lehrerin, aber sie war auch gerecht___ zu ihr___ Schülern und Schülerinnen. Wir konnten ___ alles erzählen und ___ hat ___ immer geholfen. Von ihr___ Unterricht waren wir begeistert, sie konnte ___ manchmal in ein richtig___ Theater verwandeln. Damit ___ besser lernen, hat ___ sich Gedichte und Lernspiele für ___ ausgedacht. Auf schwer___ Fragen hatte ___ fast immer eine Antwort. Einmal haben mein___ Freunde ein Thema nicht verstanden und Frau Linn erklärte ___ ___ nach dem Unterricht, eine ganz___ Stunde lang, eigentlich in ihr___ Freizeit. Frau Linn lebte damals nur für ihr___ Beruf. ___ hatte keine eigen___ Kinder. Ich schreibe ___ oft und zu Weihnachten telefoniere ich manchmal auch mit ___.

9 Personalpronomen: Dativ oder Akkusativ? Ergänzen Sie die Pronomen.

Meine Freundin hat ________[1] einen Deutschkurs an der VHS empfohlen. Sie hat gesagt: „Dieser Kurs hilft ________[2] bestimmt. Dort unterrichtet ein guter Lehrer, alle mögen ________[3] und lernen gern bei ________[4]."

Ich habe ________[5] gleich geantwortet: „Gern. Ich danke ________[6] für den Tipp! Wie funktioniert die Anmeldung?"

„Die VHS hat eine Website, du öffnest ________[7], suchst den Kurs im Programm und klickst ________[8] an." Ich habe zuerst bei der VHS angerufen und gesagt: „Ich möchte gern bei ________[9] Deutsch lernen, sind noch Plätze frei?"

Die Dame am Telefon hat ________[10] gesagt, dass ich noch einen Platz bekommen kann und dass ich auch online buchen kann. „Sie bekommen von ________[11] dann die Bestätigung per Post, auch die Rechnung schicken wir ________[12] schriftlich zu und Sie überweisen ________[13] dann das Geld." Nach dem Gespräch habe ich mich gleich angemeldet, weil ich diesen tollen Lehrer gern kennenlernen möchte. Ich bin schon sehr gespannt auf ________[14].

10 Den Lehrer / die Lehrerin um einen Gesprächstermin bitten. Was passt? Ordnen Sie den richtigen Buchstaben zu.

Sehr ___[1] Frau Rose,

wir haben heute mit ___[2] Sorge erfahren, ___[3] unser Sohn für die letzte Klassenarbeit eine Fünf ___[4] hat. Wir möchten Sie ___[5] einen Gesprächstermin bitten, ___[6] wir dem Kind zusammen helfen ___[7]. Unser Sohn hat sehr ___[8] vor der Arbeit gelernt, aber wir leben ___[9] nicht so lange in Deutschland und ___[10] hat er manchmal Probleme mit ___[11] Sprache. Er lernt ___[12] der Schule ___[13] eine halbe Stunde Deutsch, aber vielleicht braucht er noch etwas ___[14] Unterstützung?

Mit ___[15] Grüßen

Silvana Martínez

a) damit b) dass c) geehrte d) können e) deshalb f) mehr g) nach h) noch i) viel
j) um k) großer l) bekommen m) täglich n) freundlichen o) der

Lesen

11 Glauben Sie, dass das funktioniert? a) Lesen Sie den Text.

Lernen im Schlaf

Sie haben keine Lust auf Schule und langes Lernen? Dann kaufen Sie unser Lernprogramm und probieren Sie die fantastische Methode aus den USA aus: **Lernen im Schlaf**!
Mit dieser CD lernen Sie jede Fremdsprache schnell, leicht und gründlich. Sie sprechen ohne Akzent, haben alle Vokabeln im Kopf und das alles ohne Hausaufgaben, ohne anstrengenden Unterricht oder langweilige Lehrer. Stellen Sie sich vor: Sie gehen einfach ins Bett, schlafen gemütlich ein und im Schlaf bekommen Sie alle Informationen, die Sie brauchen. Das scheint ein Wunder, aber die Erfolge werden jeden Tag mehr. Rufen Sie uns an oder schreiben Sie uns noch heute, denn wenn Sie bis zum Monatsende bestellen, sichern Sie sich unser aktuelles Sonderangebot von nur ...

b) Was steht im Text: a oder b?

1. a) ☐ „Lernen im Schlaf" ist ein Kurs, den man nachts besucht.
   b) ☐ „Lernen im Schlaf" ist eine CD.
2. a) ☐ Mit „Lernen im Schlaf" kann man jede Sprache ohne Akzent sprechen.
   b) ☐ Mit „Lernen im Schlaf" trainiert man nur die Aussprache.
3. a) ☐ Das Programm funktioniert ohne Lehrer/innen.
   b) ☐ Die Lerner/innen treffen die Lehrer/innen im Internet.
4. a) ☐ Auch Hausaufgaben macht man im Schlaf.
   b) ☐ Beim Lernen im Schlaf braucht man keine Hausaufgaben.
5. a) ☐ Wenn man schnell bestellt, kommt das Programm bis zum 31.
   b) ☐ Wenn man schnell bestellt, ist es vielleicht billiger.

12 Ein Chatforum zum Thema *Lernen im Schlaf*. Lesen Sie und ergänzen Sie die Sätze.

Diana
Lernen im Schlaf? Das ist ja lustig! Das probiere ich mal aus. ☺
Rainer
So ein Quatsch, das funktioniert nicht! Wenn du eine Sprache wirklich können willst, geht es nicht ohne Lernen.
Lukas
Vor einer wichtigen Arbeit habe ich früher ein Buch unter mein Kissen gelegt (den Tipp habe ich von Oma ☺). Gewusst habe ich auch nicht mehr, aber ich war nicht so nervös.
Adalbert
Und ich habe das Programm wirklich ausprobiert. Die Sache ist Betrug und kann gefährlich sein. Ich musste am Ende sogar zum Arzt, weil ich nicht mehr richtig schlafen konnte.

1. Diana will ...
2. Rainer glaubt, dass ....
3. Lukas war vor Prüfungen nicht so nervös, weil er ...
4. Als Adalbert ...

Kommunikation

13 Elternsprechtag. Was sagt die Mutter (A), was der Lehrer (B)? Ordnen Sie zu. Dann bringen Sie die Teile in die richtige Reihenfolge und schreiben den Dialog in Ihr Heft.

1. Hm, ich arbeite den ganzen Tag. Karel ist oft allein und abends ist nur noch wenig Zeit und wir sind beide müde. ☐
2. Guten Tag, Frau Milovich. Sie sind die Mutter von Karel, nicht wahr? ☐ 3. Guten Tag, ich möchte mit Ihnen über meinen Sohn sprechen. ☐
4. Ja, da haben Sie Recht. Und wenn es nicht besser wird, rufen Sie mich bitte an. Okay? ☐
5. Er passt im Unterricht leider nicht auf und macht seine Hausaufgaben oft nicht. ☐
6. Gut, dass wir jetzt darüber sprechen. Können Sie am Nachmittag seine Hausaufgaben kontrollieren? ☐ 7. Was? Das habe ich nicht gewusst! ☐ 8. Mach ich. Auf Wiedersehen. ☐
9. Das ist eine gute Idee. Ich frage mal seine Mutter, ob sie damit einverstanden ist. ☐
10. Ja, das stimmt. Karel hat in Ihrem Fach eine Vier. Warum? ☐ 11. Sie müssen Ihren Sohn aber trotzdem auch unterstützen und abends mit ihm über die Schule sprechen. ☐
12. Das verstehe ich. Aber ich habe eine Idee: Lenny ist sein Freund. Vielleicht können Sie zusammen die Hausaufgaben machen? ☐

A Mutter
[3] ☐ ☐ ☐ ☐ ☐

B Lehrer
[2] ☐ ☐ ☐ ☐ [8]

14 Ihr Kind ist erkältet. Schreiben Sie eine Entschuldigung. Nutzen Sie die Punkte.

- Ihre Tochter, Milena Schneider, hat eine Erkältung.
- Sie muss drei Tage zu Hause bleiben.
- Milenas Freundin Susana soll jeden Tag die aktuellen Arbeitsblätter für Milena mitbringen. (Bitten Sie höflich darum)
- Sie danken und grüßen.

15 Eine Diskussion: Schuluniform – ja oder nein? Frau Martínez und Frau Rose diskutieren. Schreiben Sie den Dialog.

Fr. Martínez (für die Schuluniform)
- gut für die Konzentration
- Kinder sollen lernen und nicht nur auf die Kleidung achten
- viele tragen so nur teure Marken
- die Leistungen sind bestimmt besser mit Schuluniformen

Fr. Rose (gegen die Schuluniform)
- aber schlecht für die Individualität
- sie sollen aber einen eigenen Geschmack bekommen
- das sind die Eltern, die das kaufen
- keine Statistiken

Stärken und Schwächen

Wortschatz

1 Stärken und Schwächen im Kurs. Ergänzen Sie die fehlenden Wörter.

Absage • auf einmal • aussprechen • auswendig • Bewerbungen • fleißig • gründlich • klappt • schüchtern • selbstbewusst • sich merken

1. Jasmin spricht nicht viel und hat Angst vor Fehlern, sie ist ______________, aber sie schreibt tolle Texte.
2. Maria muss alles oft wiederholen, denn sie kann ______________ nur schwer etwas ______________, aber sie ist trotzdem sehr ______________.
3. Kazushi sagt: „Ich mag Grammatik und lerne gern Tabellen ______________“. Er ist überhaupt sehr ______________ und lernt viel. Und er hilft den anderen.
4. Natalie hat schon die A2-Prüfung gemacht und schreibt jetzt ______________: Sie möchte ein Praktikum im Kindergarten machen. Leider hat sie schon zwei ______________ bekommen, aber sie sagt: „Irgendwann ______________ es bestimmt.“
5. Kim kann noch kein deutsches „R“ ______________, er übt noch, aber er versteht jeden Hörtext.
6. Issayase kann nicht mehrere Sachen ________ ______________ machen, denn sie ist sehr ______________.

2 Welche Verben passen zu welcher Sonne?
a) Ordnen Sie zu.

auftreten auf • sich vorbereiten auf • sich konzentrieren auf • teilnehmen an • abschicken • besprechen • organisieren • schreiben • veranstalten

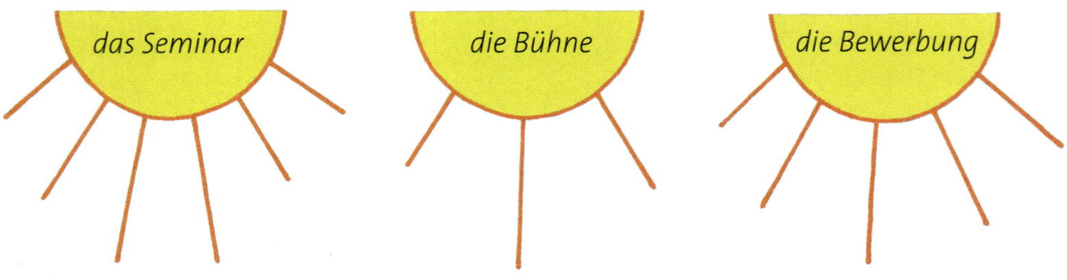

b) Schreiben Sie zu jedem Sonnenstrahl einen Satz.

3 **Ein Tag von Pavel – wie er nicht sein soll.**
a) Ordnen Sie die Wortgruppen den Bildern zu.

1. einen Bekannten treffen ☐
2. einen Zeitplan machen: bügeln und Papiere in Ordner legen ☐
3. total erschöpft sein ☐
4. losgehen / Ordner kaufen ☐
5. Wäschekorb voll, Schreibtisch chaotisch ☐
6. in Ausstellung mitgehen ☐

A

B

C

D

E

F

b) Beschreiben Sie den Tag.

Der Wäschekorb ist voll und der Schreibtisch sieht chaotisch aus.
Deshalb macht Pavel ...

Grammatik

4 **Wiederholung: Reflexive Verben.**

Bei den meisten reflexiven Verben steht das Reflexivpronomen im Akkusativ. In der der Liste gibt es drei Verben, die das Pronomen im Dativ (*mir / dir*) brauchen. Finden Sie sie und schreiben Sie drei Sätze.

sich etwas ansehen, sich vorstellen (seinen Namen nennen), sich etwas vorstellen, sich bewerben, sich freuen, sich entscheiden, sich etwas merken, sich anstrengen, sich gut fühlen, sich gut vorbereiten, sich unterhalten, sich engagieren

Stärken und Schwächen

5 ***Mir – mich? Dir – dich?*** **Ergänzen sie und dann entscheiden Sie: Personalpronomen (P) oder Reflexivpronomen (R)?**

Liebe Yvonne,

du hast ________ ( )[1] erzählt, dass du Yoga machst und dass es ________ ( )[2] bei der täglichen Arbeit hilft. Stell ________ ( )[3] vor, jetzt brauche ich auch etwas, was ________ ( )[4] guttut. Ich bin in letzter Zeit so nervös, rege ________ ( )[5] über alles auf und kann ________ ( )[6] nichts mehr merken. Sag mal: Gefällt ________ ( )[7] dein Kurs immer noch? Wenn ja, möchte ich ________ ( )[8] auch anmelden. Meinst du, ihr habt noch Platz für ________ ( )[9]? Vielleicht kann ich ja mit ________ ( )[10] zusammen hingehen? Allein fühle ich ________ ( )[11] nicht wohl, du kennst ________ ( )[12] ja. Bitte schreib ________ ( )[13] so schnell wie möglich. Ich freue ________ ( )[14] auf deine Antwort!

Liebe Grüße, Sabine

Tipp
reflexiv = sich selbst: ich schminke mich

6 **Satzverbindungen. Wo muss das Verb am Ende stehen? Schreiben Sie den zweiten Teil.**

Warum so schüchtern?

1. Jeder von uns hat Charaktereigenschaften, ► **die** / nicht / gefallen / uns.
2. Wir mögen es oft nicht, ► **wenn** / schüchtern / sein / wir.
3. Wir sagen unsere Meinung nicht ► **und** / zu viel / lächeln.
4. Manche reden den ganzen Tag, ► **aber** / nichts / sagen / eigentlich.
5. Das tun wir, ► **weil** / unsicher / sein / wir.
6. Aber Unsicherheit ist ganz menschlich ► **oder** / denken / was / Sie?

7 **Stärken beim Smalltalk spielerisch zeigen. Welcher Konnektor passt? Ergänzen Sie.**

aber • als • damit • dass • denn • der / das / die • ob • und • weil

Viele denken, ________[1] Smalltalk nichts bringt, ________[2] das stimmt nicht. Smalltalk ist wichtig, ________[3] Sie können ihn als Werbemöglichkeit nutzen, ________[4] die anderen mehr über Sie erfahren. Zum Beispiel hat eine Bekannte von uns, – ________[5] sie auf einer Party über ihr Hobby, das Backen, gesprochen hat – erzählt, ________[6] sie ihre Torten auch verkauft und ________[7] sie sogar eine Homepage hat, ________[8] ihr beim Tortenverkauf hilft. Viele fragten gleich, ________[9] die Torten teuer sind ________[10] wie schnell sie liefern kann. So hat sie wirklich einige neue Kunden bekommen, ________[11] sie hat einfach, lustig und nett Werbung für sich gemacht. Es hat niemand so richtig gemerkt, ________[12] es hat funktioniert.

Lesen

8 Michael Ende: Momo ...

oder Die seltsame Geschichte von den Zeit-Dieben und von dem Kind, das den Menschen die gestohlene Zeit zurückbrachte

„Momo“ ist ein kleines Mädchen, das in ein einem alten Amphitheater lebt. Sie ist arm, aber sie hat viele Freunde, die sie besuchen und ihr immer etwas mitbringen. Denn Momo kann sehr gut zuhören und die Menschen fühlen sich wohl, wenn sie ihr ihre Probleme oder einfach ihre Geschichten aus dem Alltag erzählen können. Eines Tages bekommt Momo Besuch von den „grauen Herren“. Diese Männer wollen die Menschen dazu überreden, dass sie ihre Zeit sparen. Aber wer einmal dem Vertrag zugestimmt hat, für den vergeht die Zeit immer schneller – ja, man hat plötzlich keine mehr und das Leben wird immer hektischer und grauer. Wohin verschwindet all diese Zeit und wie kann Momo sie zurückbringen? Wer hilft ihr und welche Abenteuer muss sie bestehen?

Das erfährt man, wenn man den Roman liest. Der Autor Michael Ende hat ihn 1973 geschrieben und er ist seitdem in über 20 Sprachen erschienen. Es gibt die Geschichte auch als CD, als Zeichentrickfilm, als Spielfilm und sogar als Oper.

Michael Ende ist 1929 in Garmisch geboren und 1995 gestorben. Er hat zahlreiche Literaturpreise bekommen. Seine bekanntesten Werke neben Momo sind *Jim Knopf und Lukas der Lokomotivführer* und *Die unendliche Geschichte*.

Beantworten Sie die Fragen.

Momo ist ein kleines Mädchen. Sie ...

1. Wer ist Momo und wo lebt sie?
2. Was kann Momo besonders gut?
3. Was wollen die „grauen Herren“?
4. Was passiert, wenn man einen Vertrag mit ihnen schließt?
5. „Momo“ ist ein Roman und was noch?
6. Aus welchem Land ist Michael Ende?

Kennen Sie die Geschichte? Dann wählen Sie eine Figur aus dem Buch und schreiben Sie ein kurzes Porträt. Geben Sie das Porträt einem Kursmitglied.

Meister Hora • Gigi • Beppo Straßenkehrer • Herr Fusi, der Friseur • ...

Kassiopeia – Meister Horas Schildkröte, die eine halbe Stunde in die Zukunft schauen und doch nicht sagen kann, was als Nächstes passiert. Aber auf ihrem Panzer erscheinen manchmal rätselhafte Botschaften.

Stärken und Schwächen

9 **Ein Bewerbungsgespräch. Was macht Herr Fischer falsch?**
a) Markieren Sie.

Frau Munk: Guten Tag, Herr Fischer. Waren wir nicht um 10 Uhr verabredet? Es ist jetzt zehn nach ...?

Herr Fischer: Guten Tag, Frau Munk. Ja, sorry. Aber das ist nicht meine Schuld, der Zug hatte Verspätung. Schön, dass Sie mich zum Vorstellungsgespräch eingeladen haben. Ich habe schon nicht mehr daran geglaubt!

Frau Munk: Ja, ich freue mich auch, dass Sie jetzt endlich hier sind. Nun wollen wir aber über Ihre Bewerbung sprechen. Sie haben in Ihrer Bewerbung geschrieben ...

Herr Fischer: Ja-ja, meine Bewerbung. Wissen Sie, ich habe die Mappe jetzt nicht bei mir und weiß gar nicht mehr, was ich da genau geschrieben habe. Könnte ich vielleicht in Ihrem Exemplar noch einmal kurz lesen?

Frau Munk: Äh, Herr Fischer, ich weiß nicht ... Ich denke, Sie müssen jetzt nichts lesen, wir sollten uns einfach unterhalten. Zuerst möchte ich wissen, wo Ihre Stärken liegen.

Herr Fischer: Oh, das ist eine schwere Frage. Ich denke, das kann man ja selbst gar nicht so wissen – ähm, es stört Sie doch nicht, wenn ich rauche?

Frau Munk: Tur mir leid, Herr Fischer, das ist ein Nichtraucher-Büro. Aber Sie haben Ihre Arbeit sicher auch manchmal analysiert und wissen, was gut und was schlecht war?

Herr Fischer: Ja, sicher. Ich sehe mir meine Arbeit am Ende an und entscheide, ob sie mir gefällt oder nicht, aber meine Stärken? Na ja, ich bin nett. Das sagen alle meine Freunde.

Frau Munk: Hmh. Und Ihre Schwächen? Oder haben Sie keine?

Herr Fischer: Doch, doch, natürlich habe ich welche! Ich kann meine Zeit zum Beispiel nicht immer gut einteilen.

Frau Munk: Interessant, hier haben Sie gleich eine genaue Antwort gegeben. Und was sind Ihre beruflichen Ziele für die nächsten fünf Jahre?

Herr Fischer: Na, bei Ihnen arbeiten ... aber ich hätte da noch eine Frage: Ich verreise sehr gern, ab wann kann man denn bei Ihnen Urlaub nehmen?

Frau Munk: Ich glaube, so weit sind wir noch nicht ...

b) 10 Tipps für ein erfolgreiches Bewerbungsgespräch. Welche hat Herr Fischer *nicht* beachtet? Kreuzen Sie an und vergleichen Sie mit a).

1. ☐ Informieren Sie sich vorher über die Firma im Internet.
2. ☐ Kleiden Sie sich gepflegt, aber so, dass Sie sich wohl fühlen und dass es zur Firma passt.
3. ☐ Nennen Sie Ihren Gesprächspartner beim Namen.
4. ☐ Halten Sie Ihre Unterlagen (Bewerbungsmappe, Zeugnisse etc.) bereit.
5. ☐ Sie müssen unbedingt pünktlich sein (evtl. einen Tag vorher anreisen).
6. ☐ Rauchen Sie nicht, auch dann nicht, wenn man Ihnen eine Zigarette anbietet. Auf keinen Fall danach fragen.
7. ☐ Wenn man Sie nach Ihren Schwächen oder Fehlern fragt, geben Sie eine kurze, sachliche Antwort und erzählen Sie, wie Sie das Problem gelöst haben / lösen.
8. ☐ Nutzen Sie die Frage nach Ihren Stärken und erzählen Sie etwas über Ihre Arbeitsweise (gerne mit einem kurzen Beispiel aus einer früheren Arbeit).
9. ☐ Wenn man Sie nach Ihren Zielen fragt, zeigen Sie, dass sie sich gut vorbereitet haben und wissen, welche Möglichkeiten es für Sie in dieser Firma gibt.
10. ☐ Fragen Sie im ersten Gespräch niemals nach Urlaub.

Kommunikation

10 Passt das zu meinem Beruf?

a) Lesen Sie und füllen Sie die Tabelle aus.

Wussten Sie schon, dass ...?
nicht jede Stärke zu jedem Beruf passt? Was für eine Sekretärin vielleicht eine Schwäche ist, kann zum Beispiel für einen Lehrer eine Stärke sein. Im Internet kann man Listen von Berufen finden und sehen, welche Eigenschaften gut zu diesem Beruf passen und welche eher negativ sind.

Quelle: http://www.intsel.de/Staerken-und-Schwaechen-Beispiele.php

das ist gut: ☺ das ist schlecht: ☹ das ist egal: 😐

	Erzieher/in	*Elektriker/in*	*Manager/in*	*Bodyguard*	*Busfahrer/in*
1. redet gerne mit vielen Menschen					
2. langsam, genau und gründlich					
3. arbeitet schnell					
4. pünktlich, hält Zeitpläne ein					
5. flexibel, kann Pläne auch mal spontan ändern					
6. probiert gern Neues aus					

b) Schreiben Sie Sätze mit den Ergebnissen aus der Tabelle.

Es ist gut, wenn ein/e Erzieher/in ..., aber schlecht, wenn

11 Smalltalk machen. Schreiben Sie den Dialog in Ihr Heft.

das Wetter fantastisch?

auch keinen Regen mögen?

ja, Recht haben, bei Wind nicht gut schlafen können.

letztes Jahr – ein starker Sturm im Sommer.

hoffentlich – kein Sturm in diesem Sommer.

nein, aber viele Blumen auf dem Balkon.

viele Blumen – kaputt, nach dem Sturm.

Prost!

↘↙ stimmt – Sonne scheint, sehr schön

↘↙ doch / wenn man gemütlich zu Hause ist

↘↙ Wind – sogar Angst machen.

↘↙ ja, genau / viele Unfälle / es gab.

↘↙ einen Garten haben?

↘ ich / einen haben, ein Sturm / ganz schlecht für den Garten.

↙

↘↙ auf gutes Wetter trinken?

Fit im Alltag 4

Unterwegs

1 Fahrscheine: nah und fern.
a) Sehen Sie die Bilder an und ordnen Sie zu.

Nahverkehr	Fernverkehr

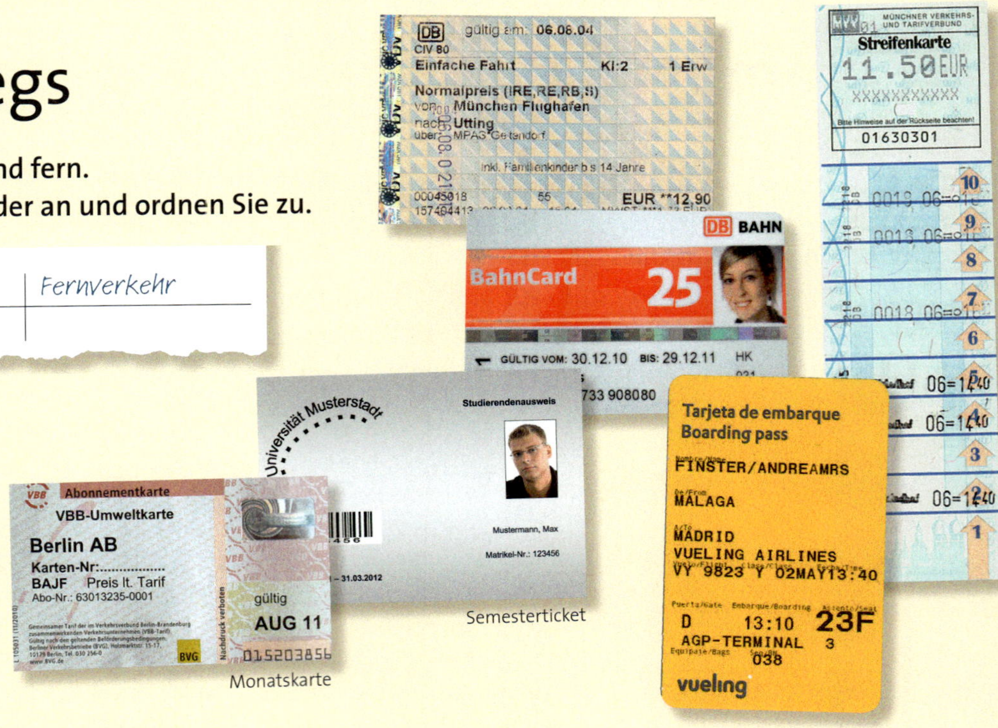

Semesterticket

Monatskarte

b) Was passt? Ergänzen Sie die Sätze.

das Semesterticket • die Monatskarte • die Ermäßigung • die Bordkarte • der Einzelfahrschein • die Streifenkarte • die BahnCard • umsonst

1. In einigen Städten gibt es ________________ für Bus, S- und U-Bahn. Damit kann man mehrere Fahrten machen und das ist günstiger als immer einen ________________ zu kaufen.
2. Mit der ________________ darf man in das Flugzeug steigen. Man bekommt sie beim Einchecken. Das kann man auch online machen. Dann muss man sie selbst ausdrucken.
3. Mit einer ________________ 25 bekommt man 25 Prozent ________________. Und ein Kind unter 15 Jahren darf sogar ________________ mitfahren.
4. Viele Studenten haben ein ________________. Sie bekommen es, wenn sie die Immatrikulationsgebühr bezahlen. Damit können sie alle Nahverkehrsmittel benutzen.
5. Wenn man jeden Tag zur Schule oder zur Arbeit fährt, ist es günstiger, wenn man eine ________________ hat. Für Schüler/innen ist sie meistens billiger.

2 Tarife verstehen. Lesen Sie und kreuzen Sie an: richtig oder falsch?

Kleingruppen-Tageskarte: 15,00 €. Das Tages-Ticket für Gruppen mit bis zu 5 Personen.
Mit einer Kleingruppen-Tageskarte können bis zu 5 Personen am aufgedruckten Tag beziehungsweise ab Entwertung bei Fahrtantritt bis zum Folgetag 3 Uhr früh gemeinsam beliebig oft fahren.

	richtig	falsch
1. Mit diesem Ticket können Gruppen (2–5 Personen) einen ganzen Tag lang U-Bahn fahren.	☐	☐
2. Die Personen dürfen auch allein fahren.	☐	☐
3. Wenn man gestempelt hat, gilt das Ticket bis nachts um drei Uhr.	☐	☐

3 Regeln für den Urlaub. Was ist was? Ordnen Sie zu.

a) Sonderurlaub ☐ b) Bildungsurlaub ☐ c) Elternzeit ☐ d) Urlaub ☐ e) Resturlaub ☐

1. Bei einer 5-Tages-Arbeitswoche bekommen Arbeitnehmer mindestens 20 Urlaubstage im Jahr. In vielen Firmen bekommt man aber Verträge, die mehr Urlaubstage enthalten.
2. Wenn man ein Kind bekommen hat, kann man bis zu drei Jahren frei nehmen, aber man behält den Arbeitsplatz. In dieser Zeit zahlt der Staat einen Teil vom Gehalt. Urlaub ist das aber eigentlich nicht.
3. Als Arbeitnehmer hat man das Recht auf berufliche Fortbildung. Pro Jahr sind das fünf Tage. Wenn der Arbeitgeber einverstanden ist, kann man auch nach zwei Jahren einen 10-tägigen Kurs machen. Aber man muss lernen und darf nicht frei machen.
4. Wenn man noch Urlaub vom letzten Jahr übrig hat, muss man diesen in der Regel bis Ende März nehmen. Aber jeden Urlaub muss man beim Arbeitgeber beantragen und mit den Kollegen absprechen.
5. Wenn man umzieht, heiratet oder jemand aus der Familie wird sehr krank oder stirbt, bekommt man in der Regel zwei Tage frei.

4 Jetzt geht's los.

a) Wählen Sie eine Situation aus und notieren Sie Fragen.

1. Sie wollen Verwandte besuchen und suchen eine günstige Fahrtmöglichkeit.
2. Sie wollen mit Ihrer Familie / einem/einer Freund/in eine Woche zelten.

Preis (*Wie viel?*)
Termine (*Wann?*)
Ort: Adresse / Treffpunkt (*Wo?*)

www.mitfahrgelegenheit.de

1. Klicken: Einfach die passende Mitfahrgelegenheit aus über 600.000 Angeboten suchen.
2. Kontakt aufnehmen: Fahrer/in anrufen und Preis und Treffpunkt vereinbaren.
3. Sparen: So sparen Sie Geld und Benzin und lernen auch noch nette Leute kennen.

Ferienpark Zierow

Zwischen den alten Hansestädten Lübeck und Wismar liegt unser Campingplatz in einer stillen und wunderschönen Landschaft, ganz nah am Strand. Wir, das Team vom Ostseecamping Ferienpark Zierow, freuen uns auf Ihren Besuch.

Unsere Preise: Stellplatz / Tag: 12,80 €. PKW: 3,20 € / Erw. 5, 40 € / Kinder (5–14 Jahre) 2,80 €

b) Buchen üben. Trainieren Sie zu zweit einen Dialog aus a).

Bildquellenverzeichnis

S. 4: © Fotolia (RF), Atlang (a); Contrastwerkstatt (b); Konstantin Sutyagin (c); © 123rf (RF), Orangeline (d) – *S.* 5: © iStockphoto (RF), Patrick Heagney (unten links); © Shutterstock, Yuri Arcurs (unten Mitte); © Fotolia (RF), Rido (unten rechts) – *S.* 6: © Digitalstock (RF), S. Behringer – *S.* 7: © iStockphoto (RF), Vicki Reid (unten links); © Fotolia (RF), AVAVA (unten rechts) – *S.* 8: © Großstadttiger – *S.* 11: © iStockphoto (RF), Chris Pecaro – *S.* 12: © Wikimedia Commons, Gemeinfrei, Rumun999 (Mitte) – *S.* 13: © Statista 2011 (oben); Fotolia (RF), Henry Czauderna (Mitte rechts); © Pixelio (RF), Thomas Max Müller (Mitte links); Wikipedia, Creative Commons 3.0, Holger Weinandt (unten links); Creative Commons 3.0 Unported, Flicka (unten rechts) – *S.* 14: © Fotolia (RF), Kzenon – *S.* 15: © Fotolia (RF), Adam Borkowski (oben); Stefan Katzlinger (Mitte links); Pixelpainter47 (Mitte rechts); © Wikipedia, Creative Commons 3.0 Unported, JIP (unten links); © Fotolia (RF), Andrezj Tokarski (unten rechts) – *S.* 16: © Fotolia (RF), Benjamin Thorn (oben links); © iStockphoto (RF), Sean Locke (oben rechts); © iStockphoto (RF), Johnny Greig (Mitte links); © Fotolia (RF), Birgit Reitz-Hofmann (Mitte rechts) – *S.* 17: © iStockphoto (RF), Jean Gill – *S.* 19: © Cornelsen Verlag, Claudia Böschel – *S.* 20: © Colourbox (oben) – *S.* 22: © Wikimedia, Creative Commons Attr. 2.0 (oben links); © iStockphoto (RF), lostinbids (oben rechts); © Fotolia (RF), Monkey Business (Mitte rechts); Jacek Chabraszewski (Mitte links); © Cornelsen Verlag, Hugo Herold (unten) – *S.* 24: © iStockphoto, Nobilior – *S.* 25: © Cornelsen Verlag, Hugo Herold (oben); © Shutterstock (RF), Allensima (unten) – *S.* 29: © Fotolia (RF), Edler von Rabenstein – *S.* 32: © iStockphoto (RF), CAP53 (Mitte); © Digitalstock (RF), Steffi-Lotte (unten) – *S.* 33: © Fotolia (RF), MAK (a); © Wikipedia, Gemeinfrei, Marinus van Reymerswale (b); Gemeinfrei, Deutsche Bundesbank (c); Gemeinfrei, Deutsche Reichsbank (d) – *S.* 34: © Fotolia (RF), GordonGrand (oben links); Rusty Elliott (oben rechts), Feferoni (Mitte links); © Shutterstock, Vanessa Nell (Mitte rechts) – *S.* 35: © Fotolia (RF), André Reichardt – *S.* 36: © Fotolia (RF), Fotofreundin (b); © Deutscher Bundestag/_ideazone./Sebastian Fischer (c); © Shutterstock (RF), Jorg Hackemann (d); © Fotolia (RF), Dron (1); © Shutterstock (RF), Iofoto (2); © Fotolia (RF), Simone van den Berg (3) – *S.* 42: © Cornelsen Verlag, Schützenberger – *S.* 44: © Shutterstock (RF), Denis Pepin (oben); © Fotolia (RF), Artsocks (4. von oben); © Shutterstock (RF), Stanislaw Tokarski (unten) – *S.* 45: © Fotolia (RF), Mirpic – *S.* 46: © Shutterstock (RF), ZF (Mitte); Petar Tasevski (unten) – *S.* 47: © Cornelsen Verlag, Hugo Herold – *S.* 48: © Fotolia (RF), Kaarsten; mine; photoGRAPHIE (oben von links nach rechts); © Fotolia (RF), K.-U. Häßler; Birgit Reitz-Hofmann; Otto Durst; Klaus-Peter Adler; © Wikipedia, Creative Commons Namensnennung 2.5, Fcb981; © Fotolia (RF), Klaus-Peter Adler (Mitte von links nach rechts) – *S.* 49: © Cornelsen Verlag, Nicola Späth – *S.* 51: © iStockphoto (RF), Factoria Singular – *S.* 56: © iStockphoto (RF), Richard Gaydos – *S.* 57: © Shutterstock (RF), Algecireno (oben); © Fotolia (RF), Robert Kneschke (Mitte) – *S.* 59: © Shutterstock (RF), StockLite – *S.* 61: © Shutterstock (RF), Marjanneke de Jong – *S.* 65: © iStockphoto (RF), Jean Frooms – *S.* 68: © Fotolia (RF), Udo Kroener; Gina Sanders; WoGi; Volker (oben von links nach rechts); Ramona Heim; Magalice; Makuba; JerushA (Mitte von links nach rechts) – *S.* 69: © Shutterstock (RF), Macino (a); VanHart (b); Iofoto (c); © 123rf (RF), Eric Limon (d) – *S.* 70: © Wikipedia, Gemeinfrei, FastFission (b) – *S.* 72: © Fotolia (RF), Marcin Sadlowski – *S.* 74: © iStockphoto (RF), Bonnie Jacobs – *S.* 76: © Fotolia (RF), Bergfee (links); Stefan Welz (rechts) – *S.* 77: © Fotolia (RF), Thomas Aumann – *S.* 79: © Fotolia (RF), Blickfang – *S.* 80 © iStockphoto (RF), Knape – *S.* 82: © Wikipedia, Gemeinfrei, Boereck – *S.* 83: © Cornelsen Verlag, Tina Harnischfeger (oben); © Fotolia (RF), Contrastwerkstatt (Mitte); © Shutterstock (RF), Goodluz (unten) – *S.* 86: © Fotolia (RF), Contrastwerkstatt – *S.* 87: © iStockphoto (RF), Nina Shannon (links); Sean Locke (rechts) – *S.* 88: © Cornelsen Verlag, Hugo Herold – *S.* 90: © Wikimedia Commons, Gemeinfrei, www.localfitness.com – *S.* 91: © Thienemann Verlag GmbH (oben) – *S.* 93: © Fotolia (RF), Adam Gregor – *S.* 95: © Shutterstock (RF), Nulinukas

S. 18: © Picture Alliance, Everett Collection/Old Visuals – *S.* 20: © Picture Alliance/dpa, Rolf Vennenbernd (Mitte) – *S.* 22: © Ullsteinbild, Oberhäuser/CARO (Mitte) – *S.* 36: © Picture Alliance/dpa-Zentralbild, Jens Büttner (a) – *S.* 40: © Pound4Pound Boxpromotion – *S.* 44: © Picture Alliance/dpa, epa Youssef Badawi (2. von oben); Picture Alliance/United Archives (3. von oben); Picture Alliance/Pressefoto Ulmer, Andreas Schaad (5. von oben) – *S.* 53: © Picture Alliance/akg-images (oben, unten); Picture Alliance (Mitte) – *S.* 70: © Picture Alliance (a, c, d) – *S.* 84: © Picture Alliance/ZB, dpa – *S.* 91: © Cinetext/Sammlung Richter (Mitte)

Textrechte
S. 38: © Funkhaus Europa, Nives Sunara